教會‧病理‧學

潘秋郎 著

教會・病理・學

/// 推薦序

◆周學信

在當代的新自由主義、民粹主義充斥,和 Chat GPT 的時代背景下,教會面臨著前所未有的挑戰和機遇。《教會・病理・學》旨在通過嚴格的分析和實證研究來應對這些挑戰,揭示現代台灣教會內部的各種病理現象,並提出相應的診斷和治療方案。

本書分為三部分:「呼召」、「診斷」和「見證」。在「呼召」的部分,探討了教會的身分和使命,強調以聖經作為信仰和生活根基性的權威,以及如何重新詮釋和實踐基督教信仰於現代社會中。在「診斷」的部分,深入探討了教會內部的問題,如靈性幼稚綜合症、道德過敏綜合症和權力渴求症候群,並提供了

具體的解決策略。在「見證」的部分，透過實際的例子和反思，展示出教會在現實中的實踐，並提出未來發展的方向和目標。

《教會‧病理‧學》不僅僅是論述著作，更是一本實踐指南。作者敦促讀者認知教會內存之問題，並積極付諸行動，參與教會的改革和更新。通過本書，讀者可以更深入地理解教會的本質，在教會中認識自己的角色和使命，並在日常生活中實踐基督教價值觀。希望本書能成為讀者信仰旅程中寶貴的良伴，幫助教會在未來變得更加健康和強壯。

本書批判了教會內部的某些當代趨勢和扭曲。這些病理症狀可理解為教會在現代語境中真實本質和使命被損害或誤解的方式。此外，作者主張這些教會的病理往往源於錯誤的神學信仰，影響了教會與世界的關係、其領導和使命。教會需要恢復活潑以及朝聖的體認，與基督的聖靈同心同走，而不是僵化固著或過度制度化。這種具有活力的觀點，要求教會成為一個活潑、具有韌性的群體，積極參與敬拜、服事和見證。

教會常常陷入世俗價值觀和社會期望之中，這可能導致其獨特身分和使命的喪失。有時，教會過於想要追求權力和社會認可而妥協其價值觀。然而，教會應該是一個鼓勵聖潔生活並

見證真理的地方，而不僅僅是追求成功和影響力的機構。教會最主要的使命是培育門徒，這包括了對其在道德和行為上的期待，並能透過團契生活體現基督的愛與真理。本書作者倡議教會應能深深根植於神學傳統，同時也能因應當代的挑戰，並以教會能成為一個和平與公義的群體作為願景，使其信仰的實踐方式得以改變其成員和廣大的世界。

本書作者提出的批判，建構了診斷教會病理和提出療法的整體架構，目的在於幫助讀者重新審視教會的真實身分，激勵會眾積極參與在建立一個更健康、具體實踐基督教教導的教會，從而促進真正的教會復興。

在當今台灣教會的脈絡及背景裡，這些批判深深地引起共鳴。就像全球許多其他教會一樣，台灣教會在追求世俗成功、權力和影響力的誘惑裡載浮載沉。在台灣，教會必須應對獨特的文化和社會光景；尤有甚者，民粹主義和世俗化的壓力始終存在。有鑑於此，本書呼籲台灣教會抵制這些壓力，堅立於聖經的教導，真實地、反文化地活出其信仰。唯有如此行，台灣的教會才能解決其自身的病理問題，邁向屬靈健康和活力的未來。如果你對自己教會的未來感到憂慮（其實你應當有感），這是一本你必須閱讀的書籍。

/// 謝詞

　　這本書的完成，要感謝的人實在太多了。我常自嘲：一本書有二個部分：書名、以及內容，所以我的書十幾年前已經寫成一半了。當年曠野的蘇南洲大哥的一通電話啟發了我在文字上耕耘的動力，又不時鼓勵讚許，至今仍受益。雖他已經加入天上雲彩般見證人的行列，然而他高大的俠影所立下的榜樣，仍不時鞭策我關注福音的公共意義。感謝校園雜誌，以及傳揚論壇諸多文字前輩的邀稿與鞭策，使得怠惰者如我輩還能不時產出一篇篇文字以回應社會議題。這些針砭教會現象的文字代表個人的觀察與反省，限於才學，還有不少疏漏之處，然這些年學思若還能有些許的進步，首先要感謝周學信老師三十多年的教導與提攜，他的身教與言教不斷提醒我要活出基督，還在百忙之中為不才學生的牢騷文寫序，萬分感恩。曾慶豹教授常自謙是我大學團契的學弟，但他的神哲學素養與學術成就，我大概得透過高倍望遠鏡才能勉強看到車尾燈，承蒙他不嫌棄這

些難登學術殿堂的雜文，心裡有股淡淡的欣喜。王欽慈牧師是我在芝加哥三一神學院進修時的同學，他不只是多族群、多語言共融之地方堂會實踐的先行者，其宣教思維的發想、教學與行政之才能亦早已為多方所肯定，如今擔任宣教機構的總主任，真是適才適所。回想 2008 年 6 月我經歷人生難堪之際，按計劃飛往紐約做田野研究，王牧師接機時所說的安慰的話：「這樣也好，就專心研究論文。」真是醍醐灌頂，心裡憂悶即刻去除一大半。之後論文能順利完成「very well done」，老同學的鼓勵實在功不可沒。一並感謝。感謝編輯怡樺的辛勞，讓這些原本紛雜的文章有可讀性，美感提升了好幾個等次，更要感謝鄭超睿社長在出版業不景氣的年代，還願意承擔虧蝕的風險出版這樣的一本書，小老無力回報，深願慈悲的上主親自賜福報答。

　　要感謝的人實在太多了，無法一一提名，願上主記念。

目錄

推薦序 2
謝詞 5

I. 召命

教會的身分 10
聖經不能只讀一半！ 17
聖經何以是權威？ 24
閱讀基督 33
知識論轉移對教牧事奉的意義 44
察驗上帝的旨意 51
基督教的教育應該不一樣 59

II. 健檢

屬靈嬰孩症候群 68
教會之道德過敏症候群 77
維護家庭價值 88
「家庭」，不是基督教價值 95
以色列狂熱症 102
教會的失憶症 110
教會之厭女情結 116
別想把人嚇進天國 124

情感的救贖	129
以神為樂	134
正視有毒的信仰	147
特殊宗教經驗之嚮往	155
教會的撒但妄想症候群	164
你所說的，你明白嗎？	170
權力飢渴症	181
教會的命名學	190
讓凱撒的歸凱撒	195

III. 見證

神學炒短線？	202
——從華人的宗教性格反省基督教的宣教事業	
愛中生活即宣教	215
宣教均平原則的可能性	221
擁抱受排斥者作為信仰的實踐	233
擁抱怪咖兄弟	239
福音解構權勢	249
福音破除國族偶像	253
直到地極	263
他山之石	269
——從一貫道道親的求道經驗反省基督教的皈依神學	

I. 召命

教會的身分

山寨充斥的世界

在商場上，仿冒品或仿製品一直是廠商的惡夢之一，舉凡汽車、手機、皮包、服飾等，都有商家會推出外型甚至名稱、商標都酷似原廠的商品在市場上銷售。媒體曾經報導，某次汽車展覽現場，德國保時捷（Porsche）車廠的老闆當場傻眼，因為他親眼目睹一輛「向原廠致敬」的產品就出現在他旁邊，外型實在太像自家的車款，不留意的話還分辨不出來。這類被稱為「山寨版」的商品，打著「致敬」的名號，無法逃脫以假亂真、魚目混珠之嫌。

商品有仿冒品，宗教信仰也有。若有人聲稱其所信仰的是基督教的上帝、聖經所啟示的獨一上帝，然而，從生活言行來看，卻是將人生的盼望建立在事業的成功、金錢的累積、家庭生活的和樂、心理需求的滿足、完善的退休準備等等，這樣的話，所信仰的，其實是自己創造出來的假神，提摩太・凱勒牧師就直言，這種信仰是在敬拜「山寨版的上帝」。

那麼，教會呢？掛基督教招牌的，都是正版的嗎？是否有「山寨版的教會」？

當然有啊！歷史上「異端」教派從沒少過，都聲稱自己是基督教。

等等，這裡所要討論的，不是那些因神學的重大歧異而被標示為「異端」的教會，而是指「一般」的教會。

這樣問吧，若有位出身於正統教會的牧師，招聚了幾個信徒一起聚會，成立「教會」，這樣，那就是個教會了嗎？它有無正當性？

教會的正當性

大概有不少人會這樣說：有啊！該牧師傳講正統十架福

音、領人跟隨耶穌，每主日聚會，又按照聖經舉行洗禮和聖餐，怎麼不是教會呢？

等等，我不是在討論「教義的正統性」，而是「身分的正當性」：它是否具備作為教會的「合法身分」。

打個比方吧，討論教義的正統性，就像是在問：某女士操持家務、教養兒女是否忠心盡責，對待家人的態度是否恰當等等；而討論「身分的正當性」則是在問：這位女士是這位男士的合法妻子嗎？關鍵問題不是「她做了什麼」，而是「她是誰」：她是小三，還是正宮夫人？

按照聖經的比喻，教會是基督的新婦，而教會只有一個，基督沒有小三。這樣，若是自己掛招牌的教會不具正當身分，所帶領信主的信徒，豈不就像小三所生的孩子？因此，一個自創或分裂出來的教會，都必須提出神學論述，為自己的合法身分辯護。

許多人會以耶穌說的話來辯護，「因為無論在哪裡，有兩三個人奉我的名聚會，那裡就有我在他們中間。」（太 18:20）所以，若有兩、三個人奉耶穌的名聚集，那就是教會了。問題是，這句話不是在討論教會的定義。馬太福音提到「兩、三

人」，可能是因為當年猶太的司法律，孤證不成立，必須二個以上證人的案件才會受理。此外，按馬太福音十八章上下文脈絡，耶穌是在回答門徒的提問時，教導他們關於寬恕與挽回的道理：若教會依照基督福音施行懲戒（捆綁與釋放），是具備天國的效力的，即便教會多數人不按照福音而行，只有兩、三個人持守福音，耶穌仍會認可。此教會懲戒的實施，保羅在哥林多前書五章的做法提供了一個實例。另外，現行教會裡「奉耶穌之名」的理念與實踐方式，恐怕與聖經的真正意義相去甚遠，還需要更多探究。總而言之，引用這句話來辯護教會的正當性，支持力很薄弱。

歷史的借鏡

在十六世紀歐洲基督教王國裡，「教會只有一個」、「教會之外無救恩」基本上是當時人們的共識。這樣，若羅馬教會還是那一個教會，那麼，路德所帶領的那一群人，能稱為「真教會」嗎？當羅馬教會主張：主教在哪裡，教會就在那裡，基督就臨在那裡。而這主教的按立，按照羅馬版使徒統緒，可以追溯回使徒行傳第二章，是那個教會的合法授權代表。按照這樣說法，路德的教會就是山寨版，難怪路德要寫作「教會被擄於巴比倫」。而真教會的記號，在於「福音正確的傳講與聖禮正確的

施行」。這應該是十六世紀改革時期各門派改教家都在探討「真教會的記號」的原因。

教會論的時代適切性

到了二十一世紀的今日,「正確」已經是個神學上蹩腳與政治上不正確的詞彙。這時代的教會,尤其台灣眾教會,需要提出這個時代的論述,為自己的正當性辯護。然而,不只台灣,整個華人教會何時研究教會論?其實是有的:

- 當有講員在研討會中談教會的復興、增長、翻轉……等「成功」的教會典範與策略時,已經預設了某種「好教會」的標準;
- 或是當有教會領導人向會眾強調權柄、要順服、服事時,也已隱含教會治理信念與權力運作的方式;
- 當獨立的福音機構按立其同工為牧師時,該行動已然透露該機構對於聖職與教會禮儀的想像;
- 當論及教會組織改造,究竟是長老治會?小組教會?或是主任牧師治理?或是要釐清教會與國家(政教)的關係之時、或有牧師自創教派時,都是在做教會論。

- 甚至當個別基督徒在思索「我是誰」、在現世中如何活得像個基督徒時,只要吾人稍稍探究基督徒身分認同的形成過程,即能發現教會論都牽涉在其中。

在教會的現場裡,一切問題都是教會論的問題。然而,華人教會在神學論述方面,教會論極為貧乏。

聖經的意象

新約聖經論及教會時,使用許多隱喻語言,當中最重要的,是保羅・邁尼亞所說的四大表象(images):首先,教會是上帝的子民:這說法回溯並延續舊約上帝選民的觀念,表示教會是從萬民中被神揀選歸祂成為一個群體。其次,新創造、新耶路撒冷:這說法瞻望未來,表示教會是上帝創造的終末實現。第三,信仰的團契:眼光向內關照,表示教會是聖靈同在的群體,成員之間彼此相助,互相隸屬。第四,基督的身體:眼光向上仰望,會看見基督是頭,萬有在基督之下,教會不例外,亦服膺在基督的權下,並受派執行主所作。也表達教會之多元中的合一性。[1]

---

1 保羅・邁尼亞,《新約聖經中的教會諸表象》(東南亞神學院,1983)。

當我們以整合觀點,將所有表象一起看,會發現新約聖經其實是在提醒我們:教會是三一上帝的驚世傑作,在本質上是人類經驗之外的奧祕,人世之外超越性的存有,卻在人類歷史的特定時空中顯明出來,叫世人能夠看得見、摸得著。教會,就像是個原本屬於十一次元的存有,卻破空闖入三次元的人類世界。因此,聖經以隱喻性語言,創造出一個空間,叫讀者能夠想像那無法想像的,以便精準地掌握此一重要的辯證性的張力:教會既俗世又超越的奧祕性。

華人教會是該好好地建構自己的教會論了。

後思:那麼,若有地方堂會/教會實際上不具備正當性,所帶領的信徒沒身分,怎麼辦?我想,因著上帝的大憐憫,那些個小三教會,是後來就地合法的吧。

聖經不能只讀一半！

> 深哉,上帝的豐富、智慧和知識!祂的判斷何其難測!祂的蹤跡何其難尋!誰知道主的心?誰作過祂的謀士?(聖保羅)

語言,或其他文化文本,一旦脫離了其原來情境,就會扭曲。神學議題更是如此。話說以前有位神學生到遠處參與神學教育工作,因無法回答當地人的提問而困擾許久:「一次得救,就永遠得救嗎?」他不知道答案是什麼,回來後仍持續探索。身邊同學看著他憂愁的眼神,有時甚至「禱告尋求」而夜不成眠,也只能苦笑。

到底是什麼問題困擾這位神學生？

首先，很明顯的是，他因不知道「一次得救，就永遠得救嗎？」這個問題的表述意義（locution）而焦慮。

這問題由來已久，基督新教與之搏鬥，至少可回溯至四百年前，荷蘭改革宗教會牧師亞米念與他的同伴，對改革宗神學的「預定論」提出不同觀點。簡略地說，亞米念主義者認為真信徒也可能會失去救恩，其推論的邏輯可簡寫成 PEARL（珍珠）：

Prevenient Grace 先臨的恩典
Election of the Faithful 信徒蒙揀選
Atonement for All 普世的代死
Resistible Grace 可抗拒的恩典
Liable of Lost 可能會墮落

亞米念主義者的抗辯在多特會議中被定為異端，不僅亞米念主義者被撤職，甚至還有人被處死。該會議也提出五要點，簡寫為 TULIP（鬱金香），成為日後加爾文主義的正統信仰：

Total Depravity 全然的墮落
Unconditional Election 無條件揀選

Limited Atonement 有限的贖罪代死
Irresistible Grace 不可抗拒的恩典
Perseverance of the Saints 聖徒蒙保守

四百年之後來衡量當時的爭議,雙方神學立場的差異其實並沒當時人們想像的大,而論述方式也顯出他們的時代背景與限制:

1. 都是化約論:以線性邏輯來處理非線性的人生問題。然而,上帝主權與人類的救恩之間的複雜關係,無法化約成簡單公式。
2. 都從「實體範疇」做神學,在討論「什麼」:如何定義上帝,這樣的上帝具備什麼特質(屬性)、上帝能不能做這做那……。救恩論上,「罪」與「稱義」,也都在問:那是什麼東西。結果就是:上帝成了人類知識的客體,另一方面,這樣的世界是機械性的,上帝與人、與萬物之間的互動,就可以用「定律」來表述。這整套系統,其實是自然神論的,上帝不在這世界的中心,甚至隱沒了。
3. 雙方都看待救恩是個人的,上帝的預定也是個人性的。若以群體概念來理解上帝揀選的對象,指向上帝的子民——以色列整個群體,二者的衝突其實就可化解。

4. 演繹法：當使用演繹法建立論述時，會有「先有立場，再找證明經文」之嫌。這促使我們反省：神學的起點，是從眾多人生經驗的梳理為起點，或從某一項哲學預設開始，再完整地從事經文的詮釋？
5. 去脈絡化：想從經文中，整理出放諸四海而皆準的普遍通則，即所謂「聖經中的絕對真理」，這會使經文脫離人的生活場域，所產出的，是去脈絡化的神學，便成了冷冰冰的教條。

筆者既不是加爾文主義者，亦非亞米念主義者，看待這段歷史公案只是改革宗教會內的茶壺風暴，現在卻似乎成了全世界基督新教的燙手議題，實在令人感慨。

平心而論，雙方面的論述都有聖經根據，也都指出了聖經在不同面向的重大教訓。然而，他們都只各自對了一半！若要建立穩固的教義，聖經不能只讀一半，必須梳理整本聖經「所有」相關經文，更要嚴肅面對衝突經文「證偽」的力量。亞米念與其跟隨者的抗辯，可說是同為改革宗教會內，對於當時主流預定論教義的同儕評論（peer review），在抗議當時的教義隱含人可以完全明白上帝永恆的旨意、明瞭人生的結局，這是知識上的傲慢。可惜當年教會的執政掌權者沒有仔細聆聽。

「一次得救，就永遠得救嗎？」當我們與整部聖經摔角，經文當中看似矛盾之處，就是在向讀者昭示：真理在另一個向度（Truth is out there）。聖經提醒讀者們要謙遜，要承認自己無知。

行筆至此，不由得想起大學時期聽到輔導提及平面先生遇到圓球小姐的比方，印象非常深刻，這些年來反覆思想，越覺這故事饒富深意。故事大意是說，在只有長與寬的二維（平面）世界中的「長方形」先生，有天遇到來自具備長、寬與高的三維（立體）世界的「球」小姐，長方形先生很困惑，詢問：「你是誰？」

「我是球。」

「什麼是『球』？」長方形先生從沒聽過。

「球啊，就是空間中，與某個點同樣距離的所有點的集合。」球小姐以數學定義回答。

「你是個『圓』」。長方形先生說。

「不是，不是，『圓』沒有高度，我有高度。」球小姐趕緊澄清。

「高度？什麼是高度？」長方形先生更困惑了。

「我展示給你看。」球小姐就在平面上下移動，展示給長方形先生看。「這樣，你知道我有高度了吧。」

「喔，原來你是個伸縮圓。」長方形先生只能看見上下移動的球，與平面的交集。

「不是，不是，我不是伸縮圓，我是球。」情急之下，球小姐將長方形先生一把拉起，使他瞥見了立體世界的景象。

「原來你是球，你有高度！」長方形先生驚歎。

當長方形先生回家去以後，要怎麼跟親友們解釋，他遇到的球小姐是有「高度」的？對平面世界而言，球小姐多了一個維度，就具備了不可思議的無限可能性。

筆者竊想，聖經中的隱喻、啟示文學，以及表面衝突的教訓，包括：聖徒蒙保守與失落救恩的警告、神的主權與人的自由等等，都是因為我們太過於渺小之故，無法想像「更高維度」是怎樣的景況，除非到那日，我們面對面親眼看見，才可能明白。想當初芝加哥三一神學院有位老師買了一式二件的 T 恤，胸前圖樣分別印了二行字，翻成中文是「上帝預定我成為亞米

念主義者」，以及「我選擇成為加爾文主義者」。這位笑咪咪的老教授會交替穿著這二件T恤，不時在校園裡走動。現在回想起來，他還真是有智慧。

回到文章開頭那位神學生的掙扎：「一次得救，就永遠得救嗎？」這不僅是神學議題，更重要的，是教牧問題：發問者之所以困惑，是因內心缺乏得救確據所致。因此，回應這問題時，不能只是灌輸「珍珠」或「鬱金香」教義，更需要先同理那些所謂的議題，是一個又一個，有血有肉之人的生存掙扎。因此，比較合宜的回應方式，是帶領懷疑者處理他們與上帝的關係，幫助他們體會上帝恩典的美善，明白上帝有多麼信實可靠。一旦他們對於上帝的愛有把握，自然就不會再有「一次得救，就永遠得救嗎」的疑問了。

如此，從「關係範疇」做神學，是以上帝為中心、主體與唯一參考點，來詢問人與萬物的存在意義。因此，會探究的問題是：上帝是「誰」，我們是祂的「誰」，祂喜歡我們成為什麼樣，……這樣的神學新世界是有機的，是「位格互動」式的。

二十一世紀做神學，實在需要從「實體範疇」，轉向「關係範疇」了。

聖經何以是權威？

　　宗教信仰若缺乏穩固的根基，則其教義的可靠性恐與鄉野／都會傳奇相去不遠，所謂的靈驗或神聖經驗，也可能只是信仰群體內一套意識形態不斷地灌輸，所產生的自我良好感覺而已。[1] 基督教是建立在拿撒勒人耶穌復活的歷史事實之上，而聖經是基督教信仰的權威，此乃大公教會之共識應無疑義，即便各宗派對於聖經權威的理解稍有差異。

1　對此議題有興趣者，可參考陳胤安，「宗教經驗的形塑及其意識型態：以台灣五旬節／靈恩運動為例」。刊載於《臺灣人類學刊》12卷1期（2014 / 07 / 01），pp.55-86。

聖經權威的挑戰

然而啟蒙之後,質疑聖經的歷史記載不實、或不符科學的聲浪升高,有學者提出「聖經有誤」要推翻聖經的權威性。在這樣的衝擊下,尤其是在北美,基督教護教者根據「基於信心的理性」提出「聖經無誤論」:上帝是真理上帝,祂所啟示給聖經作者的原始經文在神學上、歷史上,甚至科學上是完全無誤的,因此可作為信仰與生活的權威,以此來辯護基督教的可信性。雙方論戰已一個世紀之久,華人教會內也有許多護教者,一生忠心為真道辯護,令人感佩。可惜的是,這一派護教學未能逃脫聖經有誤論三個預設的陷阱——

方法學的:這派護教方式如同在對手的場子裡,依據對手設定的規則鬥拳,只有挨打的份。從方法學來看,這一派的論述建立於單一基礎上:聖經原始版本毫無錯誤,然後以線性邏輯推論出之後的結論。然而,這樣在邏輯上太脆弱了。不僅目前還找不出聖經原版,質疑聖經權威的對手只要不斷拋出聖經中有關歷史或科學的小問題,辯護聖經權威的一方就得窮盡大筆研究經費來回應。對手只需四兩破千金、辯護者就會焦頭爛額。

宣教學的:聖經有誤或無誤討論的焦點,都是聖經極細微之處,譬如:會幕銅海的尺寸紀錄,耶穌是在出耶利哥時醫治

瞎子，還是進城時？醫治了一個瞎子還是二個？諸如此類。整個過程延續一百年，耶穌基督就在辯論過程中隱沒了。偏離了基督的中心性，福音信息也就在辯論中消蝕了。

第三個問題更嚴重，聖經有誤論者的做法，彷彿將約櫃放在牛車上，打開來檢視，然後聲稱石版不是摩西寫的，而是後世學者為了宗教、政治利益的託名之作，因此不符史實、是經不起科學檢驗的。護教者為了辯護，亦上前觀看石版約書，斷言其為摩西在西奈山得之真品，是全然無誤的。然而大家都忘了——根本就不應將約櫃放在牛車上！

當年聽康來昌老師說聖經不只真，還是善與美，他以比喻說：看一幅名家藝術畫作，應是欣賞讚歎，而非「這幅畫無誤」；他更說聖經是聖旨，領受聖旨的人若說：「等一等，我檢查一下聖旨是否有誤」，這是大不敬。

那時少不經事，未能體會康老師話語的重量。當然，假傳的聖旨或者其實不是聖旨而是個哲學與人生的難題，的確要仔細分辨，而持守聖經信仰的教會需要以全新的進路來護衛聖經的權威，則有其迫切性。

辯護聖經的權威

彭國瑋博士的大作《見證耶穌是基督》，跳脫了聖經有誤論者設下的科學主義陷阱，以聖經形成與流傳的史實為根據，以「聖經乃見證之書」的進路，將討論的焦點重新聚焦於拿撒勒人耶穌，並反駁懷疑者：根據歷史的事實，你們說，這位先知使徒所見證的耶穌是誰？從護教學來說，彭博士的進路奪回了議題設定權，將辯論拉回己方主場，迫使對手回應己方所設定的議題；從宣教學的觀點看，這進路要求雙方辯論者注視耶穌，回歸大公教會「基督中心」的信仰傳統；更在無形中督促讀者，讀聖經要注意保有敬畏的態度。因此，彭博士的書可視為維護聖經權威的典範轉移傑作，在華人教會圈內更難能可貴。我想，歷史會還給這本書應得的讚賞。

萊特指出，舊約古老的經文，雖是特定時空之內的產物，卻能對歷世歷代信徒仍有規範之力，在於整部經文指向一個超越的「典範」，即聖經經文，在指導、矯正上帝與子民的關係，指出人應如何調整，成為上帝聖潔國民的樣式。因此，聖經所記載的以色列史，成了那個規範性的故事。（詳參《舊約倫理學》，90-102 頁）

從萊特的論點引申,當上帝選召以色列人成為祂的子民,歸上帝作祭司的國度、聖潔的國民時,要求以色列「你們要聖潔,因為我是聖潔的」,上帝要求以色列要活得像祂!

然而,以色列在西奈山上既沒看見什麼上帝的形象,怎麼知道要活得像什麼模樣?以色列只能從誦讀刻在石版上、抄寫在皮卷上的上帝話語時,以「聖化的想像」來揣摩、想像聖潔的國民應有的樣式。雖以色列人屢試屢敗,然上帝的仁慈,在日子滿足的時候,差遣祂的獨生子降生成為人,將上帝的聖潔,有形有體地表明出來,讓世人看得見、摸得著。從此,上帝的聖潔既已成了肉身,五旬節之後的上帝子民就不再依靠揣摩,而是注視祂、跟隨祂、效法祂。

換句話說,上帝選中一群人作為自己的子民,與他們團契,又教導他們在上帝的世界裡的共同生活應有的樣式(即是基督教的天地人關係的想像),最後親身來到世人當中,完完整整地將上帝詮釋出來,豐豐滿滿的有恩典有真理。如此,在眾使徒和眾先知的根基上,上帝親手建造祂自己的新創造,就快要完工了。教會既是基督的身體,就在所散居的各處,以各地特有的面貌將基督活出來,這是教會的見證,也是它的信息,使世人可以看見而一同來效法基督。

因此，聖經成為信仰的權威，不是單靠聖經文本而已，而是聖經在每一世代持續地塑造了上帝子民的身分，塑造上帝子民的認同；而上帝子民亦不斷聆聽聖經、解釋聖經、活出聖經。[2] 換句話說，書寫成文字的上帝的道、會眾中傳講的上帝的道，與上帝子民活出來的上帝的道，三者是一致的，在見證那位成了肉身的上帝的道。

我們可以生物體的 DNA 學作比方：DNA 分子為雙股螺旋形的構造，每股是由許多不同的核苷酸（A, T, G, C）連接而成的長鏈，具備容錯與自我改錯的能力。每股 DNA 雖只是一維的鍊狀結構，卻以三維空間的構造，指導生物體內蛋白質的合成，繼而控制生物體的性狀。也就是說，DNA 的設計具有維度上的超越性。聖經文本與上帝子民合而為一，如同基因雙螺旋一般，即是基督教的 DNA，以雙倍的信仰「遺傳物質」傳給下一代。

因此，上帝可以使用即使在抄寫、流傳過程出了些許差錯，甚至是聖經正典不一致的經文，以及會不斷犯錯的子民來顯明祂自己的旨意，這是上帝的權能與榮耀的彰顯。歷代教會不斷犯錯，卻因聖靈的保守，在犯錯中不斷糾正，而成真理的

---

2 Birch and Rasmussen, *Bible and Ethics in the Christian Life*, p.153.

管家與柱石,這是上帝的奧祕神蹟。

再思聖經的本質

聖經是人被聖靈感動,說出上帝的話來,所說出來的,仍是人的話。因此,聖經是「神人二性」的,它既是上帝的話,亦同時是人的話。且容我大膽借用基督論語言來說:聖經是上帝的話取了人的話,其神人二性特質「不相混亂,不相交換,不能分開,不能離散。」二性是相通的,「二性的區別不因聯合成聖經而消失,各性的特點反得以保存,會合於一個實質之內」。

上帝說話,事就成了,萬有因此被造;上帝說有就有、命立就立,絕不徒然返回。因此,上帝說話乃是動態的宇宙性事件,一旦說出,就在天地間迴盪,使萬物更新;不會停留、無法捕捉,正如「聲音」不能停格。上帝子民聆聽聖言時能捕捉到的,乃是上帝的話所取了的人的話。聖經是人的話,所以需嚴謹地研究;同時,聖經亦是上帝的話,所以聆聽時要戒慎恐懼、要謹守遵行。

所以,聖經是信仰與生活的權威,不僅僅因這是教會的共識(大家這麼說、歷代聖徒、主任牧師如此說)而已,而是由雙重的「道成肉身」的奧祕所支撐。每當以色列子民聚集誦讀

聖經、聆聽上帝聖言之時，眼睛雖看到羊皮卷，心中卻必須想像著那承載著石版的約櫃，那不是可以放在車上推的，而是必須以利未人的肩膀扛著。因為，聖經不只是一本書而已，而是上主的聖座，上帝的臨在。

范浩沙用了一個詞來形容聖經的奧妙：「文本聖像」，他說文本是對超越者的超越見證，因「文本讓我們看見一張臉，他者的面容。[3]」因此，當我們聆聽聖經，是要在聖靈的運行中，看見那位超越者基督的面容，而歸榮耀給至高上帝！

****

有首兒歌是這樣唱的：「耶穌愛我我知道，因有聖經告訴我」，從青年時期耳熟能詳，到結婚生子之後，每晚哄小孩入睡，也是唱這首歌為催眠曲。進入中年後，發現這首歌應該再加上一句才完整：「是聖靈透過教會傳給我。」

耶穌愛我我知道，因有聖經告訴我，
小小孩子主牧養，我雖軟弱主強壯。

---

[3] 范浩沙，《神學詮釋學》（台北：校園，2018），589-590 頁。

主耶穌愛我,主耶穌愛我,
因聖經告訴我,是聖靈透過教會傳給我。

閱讀基督

對於生活與信仰的判準，基督徒會說：看聖經怎麼說。就如「洛桑信約」說的，聖經是信仰與生活的權威，然而，聖經何以是權威？又該如何引用呢？現行有許多做法。

方法一：找金句

我們讀聖經，也背了許多金句，這些都金句很好，幫助我們熟記聖經的教訓。然而，若我們不理會上下文、引用的場合不對，就是斷章取義。有道是：引用即詮釋，當有人在引用聖經時，他已經是在詮釋聖經了。比方說，有人結婚禮拜時唱的詩歌是「這是耶和華所定的日子，我們在其中要高興歡喜。」

（詩 118:24）大家唱得很高興。的確，結婚是很值得高興的，我剛開始也不覺得奇怪，後來再仔細想想，翻閱一下該金句的上下文，赫然發現自己的不覺得奇怪已有被誤導的危險。詩篇中的「那日子」是在急難中、被仇敵圍攻近乎喪命的日子，詩人在呼求拯救；遙遙指向那件天下大事：主耶和華大而可畏的日子——即十架救恩。這樣，某某人要結婚了，有那麼重要嗎？

還有，「如鷹展翅上騰」也不是在說我們各人的心情會舒坦或亢奮。

誇張一點的，某人想要求得上帝的指引，方法是禱告之後翻開聖經，隨意以手指點到聖經上的經文，就照著做。第一次：「猶大出去吊死。」（太 27:5）（哎呀，上帝別開我玩笑！再試一次。）第二次：「你去照樣行吧。」（路 10:37）（心驚膽跳中）第三次：「你所做的，快做吧。」（約 13:27）

金句式引用往往是自我中心的，會導致靈性危機。曾思瀚老師之「壞鬼釋經」系列，列出幾十個金句誤用的例子，實在值得再三地自我警戒。

方法二：找原則

從許多實例中找出通則是我們從小的訓練，聖經這麼大一本，內容又無法都記住，找原則當然是相對簡易的辦法。好多人已經找出許多原則，包括很多「聖經中的絕對真理」，以下有些例子。

一條原則

如《雅比斯的禱告》書中所提倡的，「雅比斯比他眾弟兄更尊貴，他母親給他起名叫雅比斯，意思說：我生他甚是痛苦。雅比斯求告以色列的神說：甚願你賜福與我，擴張我的境界，常與我同在，保佑我不遭患難，不受艱苦。神就應允他所求的」。作者 Bruce Wilkinson 引用歷代志上 4:9-10 這個禱告事件，把它當作是「普遍性」禱告典範，掌握這條原則之後，就打通了屬靈任督二脈，照著做就能解決生活上的一切難題。

有道是「引用即詮釋」，作者如此詮釋聖經，恰當嗎？若要找聖經的典範性禱告，不是有主禱文嗎？

這本書一出版就洛陽紙貴，原著發行了一千多萬本，還發展出其他青少年版等；2012 年時中文版已發行三十萬冊，5 版 4 刷（2012-06-01）的版本頁數有 112 頁，一本售價 52 港幣！

然而,根據〈華爾街日報〉(Dec.19.2005)的專題報導"In Swaziland, U.S. Preacher Sees His Dream Vanish."作者 Bruce Wilkinson 承認他本人按照《雅比斯的禱告》禱告無效。然而,目前這本書還在賣!

如果您買到一支手機,用著用著自己會燒起來,廠商會賠償一支新的,如果沒解決問題,就退貨退錢。若是新買的汽車在駕駛人沒踩油門的情況下自己會往前開,汽車廠會召回(recall)免費修到好,修車期間,還會提供代用車輛給消費者使用,若是缺點太嚴重的,還會被消費者告上法院集體求償。這就是基本的誠信,不是嗎?

七項原則

流通的主要有二個版本,第一是「活出美好」,其二是真善美基要生活原則講座,分別提出七項普世通用的生活原則,作者主張「人生中的每一個問題都可以從聖經的七項無可替換的生活原則中找到解答。」

以下就從聖經「找原則」提出幾項分析與批判:

1. 這種認為可從聖經中理出基要原則的想法的,骨子裡是

一種「基要思維」。

這有幾個問題需要解決：為什麼是這幾項，而不是別的？「活出美好」的原則，與「真善美」的原則不一樣，卻都聲稱是普遍性真理，誰比較普遍呢？取捨的標準又是什麼呢？

不要忘了，猶太人早已理出 613 條，每一條都還有附帶說明。

613 條？是的，而且還分類整理過：猶太律法從摩西十誡及其說明，歸納出 248 條命令「要」，365 條禁令「不可」。當生活越來越複雜，律法的規定就得越詳盡。現在問題來了，要做到什麼地步呢？各種條例之繁複，叫我們這些「外邦人」匪夷所思：散步的距離、生火煮飯、寫字讀書、針線別在衣服上……生活上最微不足道的事都有嚴格的規定。虔誠的猶太人都照著去做。這是法利賽人和文士們所行的義。將這些規條、註解、應用，通通收集在一起，就成了一套律法百科全書——《他勒目》（像不像儒家的「經、傳、注、疏」、師公讀本、老師講義、學長筆記？）巴比倫《他勒目》，大約是西元 600 年的成品，收錄了當年猶太拉比的教訓與討論。1994 年的英文譯本共四十七冊，每冊頁數從 120-800 不等，總厚度約二公尺，超過一萬頁。

613條、一萬頁，光是翻完一遍恐怕要好幾年吧？那怎麼能夠在一、二天的研討會講完、還讓聽眾記得住呢？

2. 律法主義的窮途末路：當掌握這些原則、付諸實踐之時，基督在哪裡？信心又在哪裡？「沒有，你只注意到你自己。」

3. 范浩沙說這種從聖經文本整理出原則的作法為「原則化聖經」（Principlizing the Scripture），而那些所謂「超越文化的絕對真理」其實是某種文化制約的聖經詮釋。

若從聖經整理出來的「原則」才是生活的依據，那麼，整理這些原則的「標準」，就成了判斷經文是否有價值的權威，亦即經文本身不是信仰與生活的權威。然而，這些「標準」是人為的。我反對將人為的標準凌駕於聖經之上。若有稱為基督教的這樣做，那它還是「福音派」嗎？

4. 文本偶像：這種情況下讀出來的「原則」，其實是讀者自己的投射，是「文本偶像」！[1]

---

[1] 范浩沙，《神學詮釋學》（台北：校園，2018），587頁。

金庸小說《天龍八部》裡，促使段譽學到「凌波微步」與北冥神功之白玉仙女像「神仙姐姐」的由來，原來是逍遙派掌門無涯子與師妹李秋水的神仙生活的點點滴滴中，一日無意發現上等白玉，由李秋水當 model 雕出來的。然而，李秋水一生都不明白，為何雕像完成後，無涯子只跟雕像訴衷情，卻不跟她本人說話？她就在旁邊啊。臨死之際才恍然大悟：雕像雖是依照她的形像雕成的，無涯子心目中想著的卻是她的妹妹。

金大俠描寫人性實在高明，容我借用這故事再推演一步：若無涯子雕像之時，心裡沒有想別人，只想李秋水，然而，雕成之後，只跟雕像談情說愛，卻不理會李秋水本人，這又是什麼情況呢？好可怕的外遇，不是嗎？愛上了以自己妻子的形像打造出來的「虛擬情人」，這可是比實質外遇更可怕的外遇。

范浩沙的「文本偶像」用字之重，其實是在警告我們：不要把聖經當作金牛犢，把基督教扭曲成了聖經教了。

那麼，我們該如何詮釋聖經？比較精準的方法，是建立聖經式的世界想像，稱之為「聖經的視野」。

我們如何看，便預設了我們將會看到什麼，所以，基督徒要先戴上信仰（the Faith）的眼鏡：領受使徒的見證，透過使徒

們的眼睛,看見十字架的意義;因此,能從救恩歷史看人生的意義,透過聖經敘事重新發現自己,這樣才能看自己看得合乎中道(羅 12:3)。透過信仰的眼鏡來看,亞伯拉罕原本是外國人,如今因耶穌的恩典,成了信心的祖先了。

艾得理說得好:「故事的內容絕不能轉變成抽象性的不受時空限制的真理。故事本身提供了豐富的倫理教訓,不需要把它條理原則化。」聖經故事是觀看一切的解釋架構。[2] 上帝的故事教導我們,基督十架事件是從聖經的視野所看見的那個世界的參考點,聖經的故事是以耶穌跟祂的十字架為焦點:聖經為耶穌作見證!

有幾段經文須留意:

「你們查考聖經,因你們以為其中有永生;而這經正是為我作見證的。……如果你們信摩西,也會信我,因為他寫過關於我的事。你們若不信他的書,怎能信我的話呢?」(參見約 5:36-47)

---

2 柏納德・艾得理,《跨文化倫理學:異文化宣教的難題》(台北:華神,2001),117-119 頁。

路加福音 24 章 25-27, 32 節記載耶穌在以馬忤斯的路上對那二個門徒所說的:

「無知的人哪,先知所說的一切話,你們的心信得太遲鈍了。基督不是必須受這些苦難,然後進入他的榮耀嗎?於是,他從摩西和眾先知起,凡經上所指著自己的話都給他們作了解釋。」

也就是說,聖經是基督之見證人的可靠證詞:律法的總結是基督。整本聖經都指向耶穌基督!

這樣,我們不是「信聖經」得永生,而是因為聖經的見證,指出耶穌是基督,知道要「信耶穌」而得救的:「這聖經能使你因信基督耶穌有得救的智慧。」(提後 3:15)

聖經文本不是偶像,而是聖像。讀聖經,就是在閱讀基督了!

因此,教會作為聖經詮釋的群體,必須不斷回到聖經,讓聖經文本再一次對我們說話,這個過程是個 I-Thou(我與祢)——位格互動,是在與基督對話。

這會使讀者經驗到基督同時「在」與「不在」的辯證性張力：祂既已升天，不在我們當中，所以讀者不能以為可以用感官察覺、或可以控制操弄；然而，祂透過聖靈，藉著聖經（與教會）與我們交談，使我們知道祂在。借用保羅的說法，我們一生都是「憑信心、不憑眼見」，一直到我們見主面那天，我們才可以面對面。

有一首歌叫做「讀你」，是由梁弘志先生作詞作曲、蔡琴女士所演唱的情歌，廣為流傳。當年有人問梁弘志，這首情歌這麼美，是在說哪位小姐啊？梁先生回答：是聖經。這很好，只要我們不將聖經當偶像，而是聖像，就掌握精髓了。所以，我把「你」改成「祢」，強調文本作為聖像的特質，應該是首很美的聖詩。

〈讀祢〉
讀祢千遍也不厭倦
讀祢的感覺像三月
浪漫的季節　醉人的詩篇　唔……
讀祢千遍也不厭倦
讀祢的感覺像春天
喜悅的經典　美麗的句點　唔……

祢的眉目之間鎖著我的愛憐

祢的唇齒之間留著我的誓言

祢的一切移動左右我的視線

祢是我的詩篇

讀祢千遍也不厭倦

讀祢千遍也不厭倦

讀祢

知識論轉移對教牧事奉的意義

　　每個人都具備某些知識,能「知道」某些事。比方說,以下圖片有四種動物,其中有一隻與其它不同類,請問是哪一隻?

　　這題很容易,一眼就看得出左邊數來第三隻,它屬於「鳥」類,與其他三隻「獅、鹿、浣熊」不同類。

　　真的嗎?

這樣的知識：鳥與其它三隻不同類，您怎麼知道的？又怎麼會知道牠稱為「鳥」呢？

學校教育！是直接或間接從制式化教育及教科書學得的西方分類學與命名學。沒說錯吧？

這種分類方法，其實是千百種分類法中的一種，然而，我們從學校教育與現代化薰陶之後，將某一種理論看作「標準答案」，從此「我所見即所是」，我們就以為我們「知道」了。

天真實在論

這種抱持「我所知道的就是真相」的知識論，是天真實在論，無可避免會導致知識的驕傲，對教牧事奉的傷害顯而易見。比如說，時下有些教會牧師同工的言論，好像已經完全掌握了「聖靈的水流」與世界運行的法則一樣，到處開辦研討會，推行他們的論點，例如：「只要有信心，就可以成功、病得醫治。」那麼，萬一病沒痊癒呢？「那是因為你信心不足。」千錯萬錯，講的人都不會錯，都是聽者信心不夠的錯。講這種話的人穩贏不輸，不僅是拙劣的危機輔導，還給人虛假的盼望，敗壞人的信仰。

還有一些全知的心靈療癒大師,能知道人生所有問題的原因——被某種特定的鬼「沖煞」到了;他們也知道必定有效的解決方案:奉耶穌的名釋放。一次療程未見效者,就一再地操作下去。對抱持這樣信念的人來說,苦難沒有奧祕,人生一切都可掌控。哀哉,自從創世記第三章以來,人類想要完全像上帝一樣能「知道一切」的試探,一直都是現在進行式。

也有教牧人員動輒以「這是聖經的絕對真理」發言,要求聽的人順從。然而,不同的牧師主張的絕對真理又不完全一樣,這位的絕對是那位的相對。那麼,哪個絕對才是絕對呢?其實,知識從詮釋而得,而詮釋涉及權力運作——誰說了算呢?有道是權力即知識,教內同道請提高警覺。

批判實在論

使徒保羅明顯抱持另一種知識論,他說:「我們現在所知道的有限,先知所講的也有限。」(林前 13:9)他用了像小孩子、像照鏡子,以及像猜謎三重比喻來說明人的知識的有限性。把三個比喻放在一起看,保羅的意思是,我們的確可以知道一些事,包括屬靈的事務,然而,我們所知道的只是一部分,而且,所知道的部分仍然有瑕疵不全之處。「批判的實在論」提醒

我們，當我們看這個世界的時候，是戴著一副有裂縫、斑點、染色不勻、鏡面扭曲變形的眼鏡；而我們自己還不知道是如何扭曲、何處有裂縫，所以，對自己的知識能力要秉持合理的懷疑態度。把這種想法應用在教會中，可以產生很深遠的正面影響。

講道教導

首先是我們的態度：知識上的謙遜，就會帶進態度上的溫和。這樣的態度應深入各種場合與事奉中。第一是講道。教牧事奉的首要職責是擔任上帝話語的職事（奴隸）；上帝的道是主子，支配教牧人員的一切思想與舉止。因此，傳講者務必戒慎恐懼地謹記巴特的警告：神在天上，你在地上；人如何能講上帝的道？身為牧者，卻必須傳講。筆者最近常常在想，作為一個以講道、教學為終身職志的神學教師及牧師，我每星期所講的道，難道都沒有錯誤嗎？不可能沒錯誤吧？然而，會友卻聽了因此得造就而愛神愛人。教會二千年來每主日講壇都在發生偉大的神蹟，感謝上帝。

因此，使徒保羅勸誡教會：作先知講道，只好二個人，或三個人，其餘的就「慎思明辨」！當講台上的人聲稱有聖靈的啟

示、引用聖經奉上帝的名說話的時候，聽眾的回應不是「順福就蒙福」，而是「慎思明辨」：這些講論符合使徒與先知的見證嗎？這樣詮釋此段聖經精確嗎？會眾不藐視先知的講論，但要凡事察驗。這是當代牧職的挑戰與最大成就——從聽道中訓練會眾，滿心期望他們能跟自己對話討論。

我有時在想，講道者其實像是古封建時代的傳令太監，當「聖旨到」的時候，一千一品大臣、戰功彪炳的沙場老將也要跪迎，聽完了還得「謝主隆恩」。這太監何德何能，能令一堆大官下跪迎接？非也，乃是他奉在額頭上的聖旨。因此，精準傳講，盡力追求「高傳真原音重現」，若是把「傳位十四貝勒」宣讀成「傳位于四貝勒」，那可是會引發宮廷內戰，而自己恐先被滿門抄斬。看來，古代宮廷戲亦可為現代教牧事奉提供新亮光。

會議決策

批判的實在論也會指導同工全體一同察驗上帝的旨意，使得會議討論過程更和諧順暢。若是在同工會議中聽到什麼不算太好的評論，不必太快反駁、澄清、解釋，倒是先想一想，會不會是他說了什麼，剛好是我從沒料想到的領域？這叫作「虛心接受批評」。人怎麼能「虛心」接受批評？因為這個人認為，

自己會看錯、想錯、理解錯誤,別人或許是看到自己的盲點,指出自己從未曾意料到的。

我們在教會裡,需要學習相信同工,信任他們的判斷。如果有人覺得自己的看法才對,這有幾種可能:

1. 的確是他看走眼、判斷不精確,那就把精確的看法告訴他,跟他討論,而非批評他的意見多糟糕。如果他聽不懂、無法了解你在說什麼,就只好讓他照著自己的判斷去行,畢竟,成長需要一段過程。請你要在背後默默地替他收拾善後,不讓他知道,也不要讓別人知道,然後,事情做完了,就在心裡默默地感謝上帝。有道是愛能遮掩許多過錯。成年人應該這樣做事做人,如使徒保羅說的,既然成年了,就要把小孩子的事(小孩般的心思、意念、做事方法)拋在背後。
2. 其實是你看錯了;萬一自己看錯了,改過來就好了嘛!聖經說:愛是不喜歡不義,只喜歡真理。
3. 更可能是大家都看錯,這樣的話,我們就只好「將錯就錯」,忠心、謹慎地去做大家商議好的事,因為沒有人知道什麼是對的,只能把一切交託在上帝手中。

另一方面，傳遞未經證實的消息也是會導致傷害的。某人刻意或不經意說了一句話，聽的人心中生出一個念頭：「對，就是這樣，我聽的沒有錯」，當他跟別人轉述的時候認為：「我說的沒有錯，事情的原委就是這樣」，然後，就生出一大堆麻煩。當人以為自己「所見即所是」，而未對自己的知識能力質疑時，這種無意中的閒話就會一再發生。箴言有道：「往來傳舌的惹起事端」，所以「禁止舌頭是有智慧」。因為這個人知道，自己所明白的，頂多是部分知識，還是扭曲的。

共尋真理

那麼，我們怎麼能肯定從聖經讀到的心得、禱告所得的意向，或是同工會議的決議，就是上帝的旨意呢？從聖經的教導、教會的傳統與聖靈的感動，我們的確可以認識到上帝的旨意，然而，每個人所見到的，都只是片面，又有一點扭曲，沒有人可以壟斷真理。所以我們要學會批判自己的知識，需要傾聽眾多弟兄姊妹的聲音，這樣，大家彼此糾正，也都可以看得更清楚一些。與上帝面對面那一天還沒到之前，我們所有人都還在路上，是共同追尋真理的天路客旅。

察驗上帝的旨意

在基督徒圈子裡提到「上帝的旨意」,容易有某類聯想——找結婚對象、找工作、或是否轉換跑道等等。至於上帝的旨意要怎麼分辨,以前我受到教訓是:禱告後有平安、環境的印證,以及長輩的忠告,想方設法要做「對的選擇」(Do the Right Things),即上帝交付要我們執行的事,因為「上帝的旨意」,即是上帝對每個人的人生每一件事都有預先定下、固定不變要成就的計畫。

幾點迷思

當我們面臨人生重大抉擇,內心不安在所難免,因此,祈

求上帝指引、分析外在環境因素,並向前輩諮詢,都是明智的。然而,將這行動套入「尋求上帝旨意」之名,就有以下幾個問題:

1. 用語不夠準確。聖經裡「上帝的旨意」這個詞彙不是在講要跟誰結婚、去哪一家公司上班這類「神學上的芝麻小事」,而是在講天國大事。我們如此套用聖經詞彙容易導致觀念偷渡。
2. 對上帝的引導採取「藍圖式」的理解,實在太小看上帝的智慧了。人類因智慧有限,必須事先計畫,但全知的上帝不需要事先畫好藍圖,然後再引導人遵行。
3. 這套作法中,人的未來可能性是固定而封閉的。這種觀念近乎宿命論,也將人的自主選擇與責任歸屬抹煞了。

福音的精神

說到「上帝的旨意」,字面意義是指上帝憑祂的權能定意要成就的事。什麼事呢?羅馬書給了我們一些教訓:1-11 章論述上帝的恩典在人類歷史中顯現出來,即使世人多有背逆,但祂的愛沒有改變、沒有後悔,祂憐憫的主權保證了福音必能成全。上帝要救一切相信的人,先是猶太人,後是希臘人。上帝不願一人沉淪,願意人人都悔改。

羅馬書12章1-2節接著說:「所以弟兄們⋯⋯」,這「所以」二字,表示有了一到十一章的理由之後,自然產生以下的結果。這一段經文的重點是「獻為活祭」,聖經說這是「理所當然」,因為一個明白羅馬書一到十一章所教訓的上帝福音奧祕的社群,應該會自然而然地從心底喜愛上帝、盼望上帝的福音使命在地上完全成就,也樂意獻身參與上帝救贖的工程。然後,有個特定結果會產生——明白上帝的旨意,那是聖潔、純全、又讓人心裡歡愉的。以約翰的話來說,上帝的旨意,就是要世人信祂兒子耶穌基督的名,並因此彼此相愛。也就是說,上帝的旨意論及總目標—信耶穌並因此在盼望耶穌基督顯現之中,活出愛神愛人的生活。

這樣的一個信仰社群,會謹慎與「這世界有別」,「不要效法這個世界」。「世界」的意思,不僅是指生活的環境,人類的歷史;聖經所說的「這個世界」更是指敵對上帝的勢力,滲透、充斥在生活周遭,硬性、柔性壓迫信徒,好像一個模子,把基督徒倒進去,塑造成一個樣子,與其他人都沒有分別了。因此,信徒失去基督徒的尊嚴與見證,變成失去味道的鹽。所以,基督徒要時刻警醒,對於「主流價值」存批判性的質疑,成為抵擋潮流的砥柱。

從積極面來講，這樣的社群會個不斷地修正自己、也讓上帝不斷地修正，為讓自己越來越像基督。因為人有了新身分就應該過新生活，基督徒既然因信耶穌的緣故，得到上帝兒女的名分，整個人生觀也都要改變，一切行為舉止也都要與新身分相配，從此以後，他們的人生，便是以愛的生活為目的。

1990年元月12日，日本的川島紀子小姐與日皇明仁的次子文仁親王訂婚。她原是東京學習院大學經濟學教授之女，既非富商家庭，又非貴族後裔，訂婚之後，由平民變成皇族一員，身分改變了，一言一行也都跟著改變。她開始接受王妃教育，學習宮廷禮儀；以前可以自己隨性想做什麼就做什麼，從1990年元月12日以後就不可以了，正如她的父親在訂婚前對她說的話：「嫁給皇族將會改變你整個生命，必須好好考慮。」這正是基督徒的寫照：信耶穌將會改變你的生命。

信仰的生活

信徒們如果明白羅馬書中所述，關於福音的道理，必然會根據福音來調整自己的人生態度。這樣，「察驗上帝的旨意」這句話，是在說基督教信仰如何在日常生活中展現出來，也就是神學帶出倫理，所信的從所行的展現出來。羅馬書12章3節之

後提到幾個方面：

1. 合宜地看待自己

以「這信仰」（the Faith）為度量的標準，即是以「在耶穌基督裡的救恩」這個觀點來重新評估自己的身分與地位。從這個標準來看，每個人不只平等、還都是一樣的。我們都是因上帝的恩典與賜福，才能有今天，所以，當我們透過信仰來看自己的時候，就能夠看得剛剛好，既不過高，也不過低，看得合乎中道。

2. 整全的教會生活

每個人都要把握聖靈所賜、造就教會的機會。這是信仰群體共同生活的首要，也就是合一的基本意義。上帝給每個人有不同的本性、才能，讓他們能夠扮演不同的角色，發揮不同的功能，彼此配合起來互相依賴，可以成全完備。沒有一個人是完全的，能夠獨立於教會之外，他需要別人來幫助他；也沒有一個人是多餘的，都有用處。不管是說的、或做的，或治理、或勸化施捨，都專心去做。這就是每個人的價值所在。

更進一步地，在基督徒自我意識的形成上，教會是主要推手，我們是在教會這個信仰社群裡，才找到我們是誰、明白我們的人生意義何在，並學會分辨是非善惡。教會不斷地透過領導結構、透過所採用的決策過程、藉由影響教會在道德議題上的群體意識、藉由凸顯特定的原則與規範、藉由影響個別成員的品格、透過所選取的聖經敘事與記憶，訴諸於敬拜生活中以及在群體的倫理想像，來塑造我們的道德生活、開拓我們的視野，建立我們的世界觀。

然後，以恰當的態度方式對待他人，包括那些視基督徒為仇敵的、以及政府——聖經中墮落權勢的具體形式之一。如此，信徒便是在履行上帝所吩咐的道德訓令。

倫理的抉擇

討論基督徒的實際生活表現，即是「倫理抉擇」——如何活出一個「善」的人生。倫理思維牽涉到「分辨」（discernment）的問題：什麼叫作善、惡、好、壞？判斷標準是什麼？怎麼區別灰色地帶？這門與信仰相稱的生活智慧叫作「基督教倫理學」。這樣的智慧是怎麼來的？第一，當然是讀聖經。根據聖經，我們對於人應效法的典範大致可以確定，但是對於具體細

節，則留下很大的空間，容許、要求我們作決定。

這樣說吧。基督徒在吃飯前應該都會禱告。那麼，請問，您飯前禱告時，在求問什麼呢？是否求問「我今天應該吃飯嗎？」或者是「今天中午應該去吃哪一家？是點炒飯呢、還是湯麵？」我是沒見過基督徒求問應該吃幾碗的；至於「飯中禱告」，這輩子遇到一次。「為什麼吃飯這麼重大的事情，我們不求問細節？」對於已經學會如何分辨的我們，謝恩而吃就是了。同理，我們的信仰生活、倫理判斷也會一天天長大成熟。

所以，我們討論「察驗上帝的旨意」，重點要從「對的事項」（to do the right things）轉移到「善的態度、動機與目的」（to be the right persons），正如羅馬書說的，愛成全了律法（羅13:8）。

從聖經的規範、聖靈的引導、教會的塑造與扶持，以及個人的人生經驗，我們會越來越知道如何抉擇，然而，還是有許多事會令人不知所措。面臨「不確定」會產生焦慮，那是正常的，重點是，我們如何處理焦慮。許多人試圖快速消除不確定性，希望尋得明確的「知識」，然而，人不可能知道一切的，那是上帝的專區。（唉，分辨善惡樹的試探從未消失）。有道是「模糊之所在，信心之所在」，以聖經的語言來說，「你的話是我腳

前的燈、路上的光。」古代遊牧民族夜行的火把,能照亮多遠呢?同樣,倫理抉擇的過程,正好就是那個學習依靠上帝、與神同行的靈性旅程,會使我們深切地盼望耶穌基督從天顯現。

基督教的教育應該不一樣

擔任教會的牧師時,我常常在反省:信徒的靈性需要栽培,然而,信仰需要什麼樣的教育?又該怎麼實踐?台灣各教會或機構常常開班授課,舉辦各類型查經班、事工訓練與造就課程。注重教育是好的,只是,某些執行的細節值得玩味。

許多教會仿效「目標導向」的作法,設計了101-104課程,每週按表操課,學員上完這幾期課程後,就從「信徒」升等為「門徒」,能從一壘奔回本壘得分了。還有一個教會課程的「廣告」更生猛:上完十四週的課程之後,學員的靈命更勝以往十年!信仰如果能夠這樣速成,台灣教會的教勢景況大概也不會是現今的模樣了。

教會・病理・學

　　我以前也參加過一些這類課程的講師研習會，想引進到自己事奉的教會卻無法成功，之後便不了了之。當時覺得很困惑，後來想通了，原來這些教材試圖以同一套內容套用在不同社會背景的會眾身上，自然會有水土不服的現象。畢竟自己的會友要自己教，教材也要自己編才合用。

　　還有一些因素讓我對於那些中央廚房式階段教材敬謝不敏。第一，這些教材為的是訓練現行制度內運作所需的工作人員，基本上都是訓練「按照 SOP 做事」──會領詩、會探訪、會講述一套佈道信息等。再者，課程編號為何是 101-104 呢？著作者宣稱是從棒球場學到的亮光，其實是從美國的學校系統借來的。課程編號 100 的，是大學一年級的課程，200 系列是大二課程，餘此類推。這樣，101 就是大一學生必修的第一門基礎課。除了課程編號，教學方法注重資訊的傳遞，也反映現代學校系統教育的思維。不只美國如此，台灣教會更是受到社會系統的模塑，一提到教育，就聯想到「開班授課」（想想看，「主日學」這名稱怎麼來的？）

　　台灣教育系統的問題可多了，除了高中端是考試主導教學久為人詬病外，大學端則是各種量化的評鑑指標在指導大學的走向，近年教育部又努力提倡「證照」、「雙主修」，大家拼就

學率、畢業率與就業率,所學習的內容與學習的人完全脫節,只是為了「有資歷」。這種以「培育優秀人才」為目的的教育,其實是「工具人」訓練:大學成了職業訓練所,彷彿學習就只有工具性價值,甚至有人會問:「人文學科有什麼產值?」我忍不住想吐槽:人文學科的人會告訴你,人不能以產值衡量價值,人不只是生產工具而已,如果這麼做,是在把人異化、工具化,是在泯滅人性。這樣,人性被體制長期泯滅,如果做出什麼泯滅人性的事,不就是剛好而已?人就是人,不只是人才、人力,更不是人脈。我有時會懷疑,該不會負責制定教育政策的高層裡,有些人的 DNA 是由六種鹼基構成的?可惜台灣沒有穆德探員。

若以此等強調資訊灌輸的方式從事信仰教育,恐怕聖經也只剩工具價值。神學教育是否也只剩工具價值?非得要從神學院畢業拿到「證書」,才有「資格」到教會任職?這跟「補習班」有什麼差異?都是在訓練「工具人」。我想,基督教的教育神學應該不一樣。

首先,教育之目標,在於教導全會眾活出福音。信仰,既然是一種信仰,就不只是「一套教理」,而是一種生活方式!耶穌基督在十字架上將我們從各樣奴役的權勢中釋放出來,好讓

我們可以好好地作真正的人——在上帝面前、世人中間，以自身所承繼的文化元素，活得像基督的人，成全上帝創造我們的目的。因此，基督教教育，是在培育與信仰相稱的智慧，好在信仰群體的生活中體現。

教育的目標，也在於培育獨立思考的能力與勇氣。法國人說：不思考，枉為人。哲學家漢娜鄂蘭更從一生奉命行事的「好」公務員艾希曼的例子發現了「邪惡的平庸性」。她主張，不思考，本身就是邪惡的。諾貝爾醫學獎得主，日本的本庶佑演講時勉勵學生「不要相信教科書」，要仔細發現教科書中的不合理之處：「你必須心存懷疑，自己去思考為什麼。」這是符合聖經的教導，保羅提醒哥林多人：作先知講道，只好二個人或三個人，其餘的就「當」慎思明辨。正如網路上廣為流傳的哈佛大學校長給新生的勸勉：大學教育之目的，是畢業生能夠分辨「有人在胡說八道」。神學教育、主日學的目的，是讓所有信徒、整群會眾有能力分辨「台上的人是否在胡說八道」。我想，這是當代牧職的挑戰與成就。

筆者有三點試圖跳出框框的想法：

群體一起閱讀聖經

熟悉聖經內容只是第一步，我們可從申命記學習到，摩西對新一代以色列人重述律法，是在重新詮釋律法。同樣，我們今日教導聖經，也是不斷地回到聖經，重新詮釋聖經在當下的意義，以挑戰、校正我們的思想。

聖經最好是群體閱讀，全會眾一同察驗上帝的旨意。激進一點的人會說，若有人不與大家一同讀聖經，就把聖經拿走，不要給他自己讀，因 99% 會讀成異端。

然而，查經班的目的，不是為了資訊的灌輸，而是以開放的態度、一同聆聽上帝的聖言，聆聽夥伴的聲音，願意互相指正，一同尋求當下的意義，共同長成基督的完滿，在這過程中同時也建立整個群體。事實上，我們無法教育什麼，而是邀請人融入一個「智慧的共同體」，在那裡，以上帝認識他的方式認識自己，也以他受期待的方式去認識上帝。畢竟，人作為思考的主體，需要獨立思考，但非「單獨」思考。智慧不屬於個人，而是屬於群體。

牧師作為受過較多訓練，扮演專家的角色：對於哪些是錯的，知道比較多，所以是專家。專家作為靈性旅程的嚮導，在

引導群體一同經歷「發現」的過程。

讀書會的價值

閱讀一本好書，等於聆聽大師的臨場講論。市面上很多好書，可以幫助我們反省，並且更認識上帝，多讀書是有好處的，然而，也有些書的出版，實在是作者在宣傳自己的無知。人生很短暫，我們需要分辨好書與壞書，努力挑著最好的書來讀。而大家揪團一起讀，不僅可以互相激勵持之以恆，更能激發不同的亮光。

透過禮儀學習敬畏上帝

未經妥善處理的資訊，像那些可以在網路搜尋得到的，都還只是「資料」（更可能是佔用空間的「垃圾」）；經過妥當處理，資料才能轉化成知識。同樣的，熟悉聖經內容不等於有知識，必須能將聖經資訊轉化成群體德行，才是真知識，而禮儀是一個極佳的轉化機制。禮儀是行動中的文化符號，藉由週期性的重複來傳遞知識，使參與其中者透過觀看、模仿前輩的舉止，從實踐中習得知識。

我們可以從聖經中的「節期」得到啟發，從每日的作息、

每七日一循環的安息日，到一年三大節期，以不同的敬拜禮儀將信徒之食衣住行日常生活經驗，轉化成重大的信仰經驗。這樣，全會眾的敬拜也應成為信仰經驗的高峰。因此，養成遵行禮儀的好習慣是很重要的！

小說《倚天屠龍記》中，張無忌自小背誦各家武功祕笈，又修煉九陽神功，卻常只有挨打的份，直到光明頂上，在布袋和尚的乾坤一氣袋裡，終於練成神功。功力蓋世又熟讀祕笈的張無忌卻行動笨拙，完全施展不出來。直到六大門派圍攻光明頂一役，他才以少林勝少林，精通各種武功，收服天下英雄。我竊想，少年張無忌的故事是在諷刺基督徒的：你們不是說已經熟讀信仰祕笈──聖經、又被聖靈充滿，怎麼行事為人看不出上帝美德的樣式？

信徒是耶穌門徒的群體，需要具備在不同生活場域即興展演福音的能力，而教會的信仰教育，就在於培育會眾即興神學創作的智慧。若以數學公式來表示，可以寫成：聖經＋聖靈＋實踐＝智慧

願台灣基督教的教育，從此不再一樣。

教會・病理・學

II. 健檢

屬靈嬰孩症候群

以前聽到某知名長輩說：「台灣教會為什麼問題這麼多呢？因為有問題的傳道人很多！」那時我對此沒什麼感受，這幾年才見識到，不少人好不容易信了耶穌得自由，進了教會卻被奴役，至今內心感觸很深。教會不僅是個組織（organization），更是個有機體（organism），因此，當我們以「身體」為比方來思考教會問題時，其實是在養生保健、健康檢查，甚至是病理診斷了。當前教會狀況不少，且容我先從哥林多前書借鏡，因這卷書信提供了教會問題診斷與處置之個案研究的絕佳範例。

病灶觀察

綜觀哥林多前書,我們會發現這教會百病叢生,病得不輕——有人在教會裡分黨結派,聚會的時候次序混亂,有人禱告時故意以別人聽不懂的聲音大聲喧嘩;有人小細節聽不懂就突然發問,打斷聚會程序;或是好幾個人搶著要上台去「釋放信息:『上帝告訴我……』」。正如布魯姆柏格所說的:

「一間四分五裂的教會:幾位有勢力的領袖勾心鬥角,爭相高抬自己。他們各自都擁有一群忠實的追隨者。當中有位領袖與自己的繼母有亂倫關係,教會內的許多信徒不單沒有給他紀律處分,反倒誇讚他以基督裡的自由行這事。信徒在世俗的法庭上彼此控告;有些信徒則喜歡嫖妓。為了抗衡這種日益猖獗的敗壞頹風,教會中便有人鼓吹獨身生活——所有信徒都要完全禁慾,並奉此為基督徒的理想景況。此外,初信者應當怎樣與他們以往的異教徒生活方式一刀兩斷的問題,亦引起信徒之間熾熱的激辯;男女信徒在教會應有的角色問題,使問題更加複雜。似乎這還不夠,自稱是說預言和方言的知識也屢見不鮮,但卻常常不是造就他人的。在這些靈命不成熟的基督徒中,有大部分甚至不相信基督身體復活。[1]」

---

1 克雷格・布魯姆格,《國際釋經應用系列——哥林多前書》(台北:校園,2002),13頁。

教會・病理・學

這些問題若哪個教會有任何一項,就讓人頭痛不已,然而哥林多人卻覺得自己非常「屬靈」,已經超凡入聖,可以隨心所欲,為所欲為,都合乎信仰!

我們幾乎可聽見保羅在深沉地嘆息:我把你們養了這麼久,怎麼你們都沒長大、還沒斷奶?這個教會信主許多年,卻還是信主以前的老樣子(worldly,屬世、屬肉體、屬血氣),沒有基督徒當有的品格。

病理診斷

哥林多是亞該亞省首府,是商業發達的港都,但道德亦十分敗壞,當地神廟裡的女祭司(廟妓)高達上千人。保羅第二次旅行傳道時到哥林多,以一年半的時間,建立了教會(徒 18:1-17)。後來亞波羅這位信主的希臘哲學家也到哥林多去(徒 18:27-19:1)。聖經沒有記載彼得何時到哥林多,可能是他的弟子們的影響。

就這樣,幾位當時知名的大牧師(或得意弟子)都在哥林多服事過,教會卻因此鬧得不可開交:

「我跟隨保羅，保羅才是教會創辦人。我剛來的時候，是他親自到港口來接我的，堂堂大學者還跟我們一起蹲在碼頭邊把酒言歡。是他帶領我信主、為我主持洗禮。他永遠是我的牧師。」或許有著希臘背景、中下層社會出身的信徒會這樣說。

「不是，彼得才正統，他是耶穌的大弟子，天國的守門員。上一回我生病時，他來為我按手禱告，身體就好了，沒流一滴血、不花一分錢。」大概猶太背景的信徒會這樣辯駁。猶太信徒崇尚道德、生活嚴謹，極可能帶著以「嫡系」自居的靈性優越感。他們又注重神蹟，像是以利亞在迦密山上祈禱，火就從天上降下。當時的猶太人認為有能力施行神蹟是上帝同在的記號。信了耶穌之後，這種心理期待還沒完全改變。

而希臘背景、中上階層出身的知識份子會這樣說：「保羅太俗氣了，言語粗俗、其貌不揚，亞波羅才是最好的主任牧師，不僅學富五車、講道引經據典，他的主日學演講最精彩，解析當代文化潮流解得頭頭是道。他雖然已經到別的教會去了，我恨不得跟他一起去，永遠跟他常相左右。」

這些話表面聽起來是在恭維傳道人，好像他們的工作很有果效，所以會友這麼愛護他們。其實，頭腦清楚的牧師會警覺到危險，亞波羅因此趕緊落跑。

這突顯哥林多教會的一個大問題：分黨，互相敵對的派系鬥爭。固然社會背景差異、貧富差距容易導致意見不合，但他們標榜自己擁護的領袖，以此作為權力鬥爭的藉口。其實標榜領袖只是表面，事實上是在標榜自己。分黨派，其實是「老闆」心態：我才是老大！

按保羅的話說，哥林多教會的疾病是：無知又自大，靈性上的驕傲；明明知識淺薄，又有一個極其強大的自我意識，這種狀況，是靈性幼稚的表現，所以，他們只是嬰孩，或可稱為「屬靈嬰孩症候群」。偏偏哥林多人亦自以為已經成年，認為自己很了不起，這豈不是大頭症嗎？

治療處方

保羅在哥林多前書 1-4 章開了一劑處方簽：定睛仰望基督（第一章）、認識真正的屬靈智慧（第二章）、明白信徒平等（第三章），以及合宜地對待領袖（第四章）。

保羅從一開頭就呼籲要重新聚焦「基督十架」,「你們奉誰的名受洗?」保羅如此問(不是「誰為你施洗」)。奉誰的名受洗,就屬於誰;在誰的名下,就應由那個人發落。除非出自聖靈的感動,信徒才能看見基督十架的優越性,這是真智慧;如此,才可能合宜地對待其他信徒,並將「領袖」放回他應在的位置。希臘人看作愚拙、猶太人當作軟弱的十字架,基督徒卻親身經驗到:世人以為的愚拙、絆腳石,卻是上帝的大能。

當年保羅給哥林多人開的藥引:「智慧」,對今日台灣教會也是合適的:

> 「人不可自欺。你們中間若有人在這世界自以為有智慧,倒不如變作愚拙,好成為有智慧的。因這世界的智慧,在神看是愚拙。如經上記著說:主叫有智慧的,中了自己的詭計;又說:主知道智慧人的意念是虛妄的。所以無論誰,都不可拿人誇口,因為萬有全是你們的。或保羅,或亞波羅,或磯法,或世界,或生,或死,或現今的事,或將來的事,全是你們的;並且你們是屬基督的,基督又是屬神的。」

智慧不是 IQ，而是一種實踐理性（practical reasoning），是一種能夠在複雜的情境中，採取正確行動的能力。用我們現在的話來說，智慧是指在眼前這種多語言、多文化、多價值系統的社會歷史情境中，有能力把教會從現今處境，按照福音價值引導到上帝心目中理想的樣式去。

看看哥林多，想想台灣

宗教圈子裡自稱「大自在明師」、「無上師」、「先知使徒」本來就不少，加上台灣人的宗師崇拜情結的影響，喜好將領袖神格化，然後洗腦自己：「我跟對人了」，安全感從此建立起來。所以台灣成了宗教詐騙者的天堂：只要有人敢演，演很大，就會有人跟隨、供養金源源不斷。

同樣的，各教門裡都有類似「感恩師父、讚歎師父」的情事。這樣的人，若加入佛教團體，會說「菩薩顯靈」，若入一貫道，會說「老母慈悲」，若跑到教會裡，他們不至於說「感恩師父、讚歎師父」，但是可能會說：「這是上帝重用的僕人」。

所謂的宗教「魅力」（Charisma，克里斯瑪、「恩膏」）其實是社會建構物：領袖展現出特殊自信與舉止，跟隨者投射以聖王、神人或救主的形象，在這樣的互動中，「克里斯瑪」就

建構出來了。因此,在跟隨者身上才會有魅力,旁觀者是不會受影響的。讀者若是不信,想想宋 X 力、文 X 明、X 無上師或妙 X 吧,他們被信眾簇擁著,然而社會大眾的觀感如何呢?基督徒又怎麼看呢?

所以,要除魅!不需太多精深的專業知識,只要以生活常識也能判斷;當宗教領袖不斷要求信眾投入金錢、時間與人力,卻又不能過問時,用膝蓋想也知道——這裡面大有問題。

有弟兄因某位非洲來的名講員的信息感到困擾,不知如何分辨,我請他第一步先就歷史事件部分作事實察驗,第二步就聖經教導部分作神學判斷。他花了些時間以英文去 google 調查這個人、以及那些被拿來當「上帝重用的僕人」證據的豐功偉業,竟然完全搜尋不到!也只好苦笑以對。

當我聽到有教會的主任牧師說:「在教會裡,牧師代表上帝。」另一位主任牧師說:「傳道人是除耶穌基督之外,上帝賜給教會的最大禮物。」然後「順服就蒙福」,筆者還真為他們捏一大把冷汗哩!

靈性嬰孩用世俗想法來標榜個人,成年人會知道上帝才是主,所以保羅才會說,你們心志上需要轉大人:「我作孩子的時

候,話語像孩子,心思像孩子,意念像孩子;既成了人,就把孩子的事丟棄了。」(林前 13:11)

我們需要「轉大人」!

教會之道德過敏症候群

(本篇原載於《校園雜誌》,略作修改)

近代許多學者從聖經的隱喻「教會是基督的身體」得靈感,不再視教會為固定的體制,而是將教會看成活的有機體,使用有機類比語言,關注教會的「DNA」、是否「健康」、「長大成熟」等等。按此比喻,神學家就像是教會的醫生,存在的目的,是維護教會的健康。因此,思考教會問題時,是在養生、做健康檢查,甚至是病理診斷。

我們可從醫學做比方。人體的免疫系統很複雜而精巧,能

夠辨識自身細胞或外來入侵者，採取恰當行動以維持身體健康。然而，難免也會弄錯。比方說「過敏」，是身體免疫系統對無害的物質（過敏原）反應，而引發局部紅腫、流淚、噴嚏等症狀，嚴重時可能引發休克。

另一種情況，是「煞死」，嚴重急性呼吸道症候群（Severe Acute Respiratory Syndrome, SARS），是一種因新型冠狀病毒感染而起的急性疾病，於 2003 年蔓延至台灣，引發社會極大恐慌。那一年，台灣有數百人感染 SARS，不幸死亡人數六十多人，即使痊癒的，也因大量類固醇或消炎藥的使用，留下骨關節壞死等後遺症。然而，後來的研究發現，病人的嚴重急性呼吸道症候，並非病毒引起的，而是患者肺部受自己的免疫系統侵襲，引發過度腫脹，進而窒息致死。也就是說，SARS 的病毒本身危害沒那麼大，然而病人的免疫系統卻把陌生、毒性不算強的病毒視作極危險的入侵者，因過度反應，使病患身體受損、甚至死亡。

教會對道德問題的反應也很可能如此。我觀察到當代教會對於社會議題的回應方式雜亂分歧，甚至有時失序，造成教會本身的危害，似乎得了一種靈性疾病，姑且稱為「道德過敏症候群」。

每個社會，都會對其成員的偏差行為做出反應，對不同型態偏差的反應強度也不同，有趣的是「同類偏差」在不同社會的反應差異極大。比方說，在某個社會認為是「說謊」的情節，在另一個社會可能認為是「說話的藝術」。若因接連受挫折而情緒短暫失控，比如說，某人挑燈夜戰趕寫報告，卻遇到無預警停電，便改點蠟燭繼續奮鬥，卻又遇到蚊蟲來騷擾，隨手揮打蚊蟲時，不小心碰倒蠟燭，把已寫好的文件燒毀了一小塊，此人就憤怒地咒罵了幾聲。這種情況，算「嚴重偏差」（罪）嗎？台灣人應該不會將此看作行為偏差，只是一種紓壓方式而已。但是，在某些民族中，這種行為是致命的。

話說以前有美國本土（四十八州）的文化人類學家，到阿拉斯加原住民社群進行田野研究，在冰屋中撰寫研究筆記時，屋頂的冰塊因油燈的熱氣逐漸融化而掉落。她因長期累積的壓力而怒氣發作，起身邊咒罵邊處理善後。研究助手暨接待家庭的女主人聞聲進來幫忙料理，而女主人的一派氣定神閒，促發這位人類學家的觀察：她發現，無論小孩喧鬧將家裡搞得一團亂，或類似今日的意外景況，女主人總是面帶微笑很淡定的面對。事實上，不只這一家，而是整個社群都不會情緒失控。她好奇地問報導人：「為何你們從不生氣？」當地人的回答叫人驚

奇：正常人是不會情緒失控的，只有被惡魔附身的才會。原來當地環境艱困、物資貧乏，生存仰賴整個社群的團結合作，因此，若有人情緒失控，就可能會危及整群人的生命。情緒失控行為在他們的社群中，是零容忍的。從小時候起，即便是很輕微的失控行為仍會被制止。幾個世代下來，情緒穩定，已經內化成為社群的特質，「高EQ」在整個社群中被視為跟呼吸一樣的自然。所以，若是族群中有人情緒失控屢勸不聽，就會引發社會不安。而當社會不安持續升高時，就會有勇士趁此人外出時，為民除害。

也就是說，社會對於「罪」的定義與處置方式，有文化上的差異。文化，這個成長過程中潛移默化學會的觀點，會成為我們讀聖經時的「眼鏡」。舉例來說，在「說實話」文化背景下成長的人，自然比較容易注意到聖經裡對「謊言」、「假見證」的譴責；而一個從「情緒不穩定八成是鬼魔附身」的文化背景下成長者，讀到「不可含怒到日落」、「溫和」這類經文時，很容易產生共鳴。所以，若阿拉斯加原住民教會差派宣教士到台灣傳福音，看見人穿新皮鞋出門卻踩到狗屎，咒罵了幾聲，就根據聖經嚴厲譴責「怒氣」之罪，也是可以理解的。

所以，若我們讀聖經時未警覺到自身的文化，可能會對需

強烈反應的罪無動於衷、對不需太在意的微罪強烈反彈。畢竟，一個社群的道德觀念是建構出來的，有穩定性，也會隨時改變，微調時大家不易察覺，然而一旦有大幅改動的呼聲，大家就察覺到了，甚至覺得是威脅。教會的倫理思想，也是建構出來（教出來的），一代又一代讀聖經，傳遞給下一代，也是隨時在微調中。

基督教為解決因自身文化偏見而誤解聖經，所發展出的策略是「全體教會一同閱讀整本聖經」，因此在內部會不斷地「大公對話」。從二千年歷史來看，基督教內不同信念者，是以解釋聖經來說服不同信念者的良心，彼此說服、互相聆聽。若一次無法說服，就下次再繼續辯論、下次再來……。也就是說，基督教內有自我偵錯矯正的機制與能力，這是在真理上同歸於一的路途。

以性道德為例，聖經譴責姦淫、亂倫、強暴、性暴力等等罪惡，這立場當然不能妥協。然而，北美福音派教會，受當地近二百年社會文化的影響，而強調性倫理；又因個人主義盛行，偏向以個人行為本身，而不是以「社群關係」來思考道德問題。比方說，外遇，是配偶與他人做了「那檔事」。然而，僅是性行為那一件事嗎？或是，這行為顯出整個人「背叛」了對

配偶的承諾,以及全社群的信賴?因此,北美福音派對於某些個人行為之罪很敏銳,卻對結構性罪惡無感。這恐怕也是台灣教會的實況,因北美教會的影響力,透過宣教運動、講座、查經班、聖經注釋書出版品、神學院課程、基督教媒體等,將這些思想傳播給下一代及並其他地區。

北美曾有傳道人長年累月在講道中強調,不可閱讀色情書刊,甚至不可翻閱女性內衣郵購廣告,因為那都是「眼目的情慾」,或「看到會動淫念的」就是罪。色情書刊的確很不健康,尤其男性更不能低估視覺(畫面)的影響力。然而,聖經除了這個就沒說別的話了嗎?

教會對於同性戀行為的反應,則是另一個鮮明的例子:以所多瑪被毀滅的歷史殷鑑,嚴厲譴責同性性行為會引發天火焚城,而進行大規模的動員。按照聖經的用字遣詞用字,讓人難以同意同性性行為有神學上的正當性,然而教會的反應堪稱過度,恐怕是受到自身文化偏見的影響而「讀入」聖經的結果。創世記十九章所多瑪人的例子,其實是可怕千百倍的「集體性凌虐」,乃屬聯合國所定義的「反人類罪」之大惡。即便如此,基督徒與其擔心「所多瑪之罪」,倒不如擔心「迦百農之罪」。主耶穌的話是這樣說的:「迦百農啊,你以為要被舉到天上嗎?

你要被推下陰間！因為在你那裡所行的異能，若行在所多瑪，它還可以存留到今日。但我告訴你們，在審判的日子，所多瑪地方所受的，比你們還容易受呢！」(太 11:23-24，和合本修訂版)

保羅譴責同性戀，將之列入一系列「罪惡清單」裡，然而，誠如海斯所說的，「不過同性戀行為並不是特別值得譴責的罪，不會比羅馬書一章 29-31 節所列出的不義之行惡劣——也就是原則上不比貪婪、背後說人壞話、違背父母的行為更加惡劣。[1]」除此之外，保羅更說「貪財是萬惡之根」，會使人落入離棄真道的網羅裡。貪心－極度追求自我慾望的滿足－如同偶像崇拜一樣。因貪戀拿伯的葡萄園，亞哈王強制徵收不成，犯下謀殺搶劫之罪；因貪財，企業鉅子可以買通政客來訂定法律，合法地剝削員工；因貪財，工廠不願承擔處理廢棄物的費用，就直接將廢棄物排入空中、河流或棄置於農地，慢性謀殺數以萬計的人命。因為賺得不夠多，食品工廠將化工原料摻入食品內、或以劣質油品當食品販售。凡此種種，莫不證實了——名車、豪宅、聲望、地位、權力，甚至是萬國的榮華，都可得到，只要

1　海斯，《基督教新約倫理學》(台北：校園，2011)，516 頁。

向「它」下拜。難怪貪心會列在十誡之末,如同一本書的「封底」,以另一種方式映襯出「封面」——除了上主,不可有別的上帝。相較之下,貪財會傷害千萬人,且會形成階級複製的結構延續到下一代。孰重孰輕呢?

教會當然不能對罪無感,但無須過度反應。按照大公信仰的判斷標準來看,三一論、基督論與救恩論是重大教義,必須一致,而性倫理,甚至是婚姻觀,在基督教神學與倫理上,只是小議題,實在不值得大作文章。況且,若教會沒提出好的論述爭取社會大眾的支持,卻持續強力動員對抗,只會引起反彈;這些反彈又形成新刺激,使得教會「免疫系統」更強力動員,對立態勢越來越升高、方式越激進。對於罪惡過度的反應,可能會造成大錯的。君不見,挺同與反同運雙方的動員方式,越來越以激怒對方的方式表達嗎?這只會造成仇恨,也讓其他有害物趁虛而入,譬如,懷惡意的人潛入教會群體中埋伏,在教會動員時趁機散播激動情緒的,甚至是扭曲的資訊言論。受傷害的,終究是教會本身。主內同道不能不更謹慎啊!

所以,要減敏:熱議題要冷處理,讓它慢慢降溫。況且同性戀成因百百種,許多部分醫學界迄今仍還無法解釋。若是在成長過程中,因藥物或外在環境賀爾蒙的干擾影響,而

導致性別認同或性傾向與生理結構認知不同而發生變異,導致生理男性自我認同為女性(或生理女性認同為男性),如此的話,這樣的人其實是受害者。即便從基督教信仰來看是偏差行為,都應給「偏差者」有生存的空間,並尊重其身為人的基本尊嚴。

基督教圈子內,事實上是多元的,許多立場溫和的聲音,在目前對抗態勢下不容易被聽見。更令人惋惜的是,當前眾教會對此議題的立場與態度不一致,卻又缺乏彼此聆聽的雅量。那些基本信仰一致,卻在其他議題上立場不同的人,依然是主內肢體,自詡為敬虔愛主的基督徒群體,莫把弟兄當敵人,無論他外貌、想法、價值觀、生活型態跟自己差異有多遠。

同時,教會身為基督的群體,更需注意自己對於罪惡的反應方式:千萬不要想以惡魔的方式消滅魔鬼。筆者年輕時讀到猶大書,提到天使長米迦勒為摩西的屍首與魔鬼爭辯時,只說「主責備你吧!」我當下心裡覺得:這天使怎麼那麼孬?後來年紀漸長,又經過許多歷練以後,慢慢才懂得天使長的高度:若天使以魔鬼的方式與魔鬼爭鬥,就在那一霎那間,他就墮落成魔鬼了。我們如何對待他者,我們就會成為什麼樣的人。

1945年4月，義大利獨裁者墨索里尼與其情婦貝塔西被殺害，屍體被倒掛於米蘭的洛雷托廣場附近加油站頂上示眾，激憤的群眾圍觀嘲弄。有故事是這樣說的：那時貝塔西的裙子慢慢褪下，透出大半臀部，圍觀群眾就更大聲叫囂、嘲笑。此時，一位神父靜靜地取出別針，上前將貝塔西的裙子拉好固定住。這位神父的行動令人難解？他想要維護的是什麼？有評論者說：他是想維護這群眾最後僅存的人性，因為神父知道，他們已快要變成惡獸了。

基督徒以什麼動機、用什麼態度、如何參與社會議題，又是用多大的強度參與哪一類議題，必須合乎基督教倫理的規範。教會，既然是基督的新婦，就如同王妃般尊貴，得用合乎自己身分的方式，來表達自己如何待人處事，這才是基督徒應該最關切的事才對，因教會本身就是她的信息！所以，教會需要以上帝的方式對抗惡，而上帝的方式是十字架道路。十字架，是上帝對人類罪惡的終極回應。因此，聖經教訓說：「你不可為惡所勝，反要以善勝惡。」又說「要愛你的敵人，為那逼迫你的禱告。」既然愛敵人，就不會將對方看作是敵人。這是基督徒群體一生之久以善勝惡的掙扎。

我有時暗自竊想，若基督教會發動十萬人上凱道譴責貪心，要求政府嚴懲不法商人、修改一切不公義的法律，這行動會傳達什麼樣的信息呢？

維護家庭價值

近幾年在教會圈子裡常聽到「維護家庭價值」,甚至成了社會動員的起因。正好,筆者是非常重視家庭價值的,藉這機會說說自己的看法。且先從我所觀察到美國的情況說起吧。

基督教右派的政治參與

美國的政治光譜有左右之分,主要是基於「大政府」或「小政府」的態度,以及經濟上重視開發或分配的立場等。自詡為福音派的教會大都落在右派。歷年來美國總統選舉,部分美國的福音派教會領袖,像是 James Dodson 等(其中很多其實是「基要派」),總是為了「維護家庭價值」而動員,以「道德多數」

（moral majority）自居，號召基督徒要擁護聖經教訓，以及基督教價值觀而投票。他們口中的聖經教訓其實只關注在「反墮胎、反同性戀」等少數議題，甚少關注社會公義。有位美國友人批評：「這些人自稱是尊重生命（pro-life），對於人的生活福祉與安老卻不關注，根本就只是 pro-birth。」而社會公義、環保、少數族群的福祉等，正好是民主黨較關注的重點，因此，多年來福音派視推行自由主義的民主黨如洪水猛獸，在所謂的「真小人」與「偽君子」的競選中總是投給「偽君子」，而成了「基督教右派」。

2012 年共和黨推出摩門教徒羅姆尼參選總統，給基督教福音派帶來了衝擊，有人質疑：難道摩門教徒的家庭價值符合基督教的標準嗎？然而，福音派領袖們仍支持共和黨，即使如葛理翰，也間接地為其背書，甚至將摩門教從其官方網站上的異端名單撤下。

2016 年共和黨由川普出線，對戰民主黨的希拉蕊柯林頓，使得美國福音派一陣慌亂，畢竟川普的個人紀錄與表現實在太奇葩了，完全不符基督教對一個人德行的期望，所以，古德恩最後撤回了他的論點，柯羅奇則批評福音派為了策略考量——提名保守派出任下一任大法官——而支持愚妄人的舉動近乎偶

像崇拜。然而，少數右派領袖繼續公開支持川普，已導致福音派教會內年輕世代陸續出走。

選舉結果揭曉，川普當選了，讓許多人欣喜若狂、許多人崩潰。有道是「事出必有因」，川普會贏得選舉的社會、經濟、政治因素有待更深入了解，目前許多分析也很精彩。川普當選後言論出現大轉彎，第一時間把「驅逐穆斯林」從官網悄悄撤除，又表明同性婚姻是 established law。這下子，許多原本崩潰的民眾緩解一大半，而許多原本歡天喜地的，恐怕要開始呼天搶地了。

福音派教會數十年積極涉政的行動，達成什麼結果？民主黨不願聽福音派的意見，也懶得與其溝通，反正說什麼道理都拿不到選票。共和黨呢？恐怕也不會真正聽福音派的意見，只要選舉時喊喊口號就有選票了，哪還需要真的聆聽？那麼，大規模政治動員之後，誰得好處呢？我想，除了政客得到選票與權力，以及權力帶進的人脈與金脈，恐怕只有教會領袖吧，他們成了當權者的顧問（像不像權力／利益交換？）。但是，美國福音派長期以來參政的作法已飽受批評，尤其一次次「含淚投票」的舉動，不僅使其「道德維護者」角色蒙陰影，教會與特定政黨走這麼近，幾乎成了政黨的附庸組織時，更損及基督教的見證，恐怕短時間內難以彌補了。

基督教右派的道德困境

美國福音派何以淪落至此?我想,有幾個原因:

一、倫理思維貧瘠、言行不一。福音派所主張的反墮胎、反同性婚姻等,固然有聖經經文的支持(當然,解經的爭議也是不少的),然而將這些上綱到最優先地步,似乎除此之外無其他倫理議題要關切,忽視了聖經中更重要的教訓,結果是見樹不見林,並不符聖經整體的見證與對教會的要求。另外,一方面聲稱聖經的「基要原則」必須嚴格奉行,儼然是義務論者,實際行動時卻想送一個惡人擔任總統以達成更大的善,不就是「為達目的,不擇手段」?這是典型目的論者的作法。目的論並非無可取之處,然而,基督徒得言行一致,義務論者無法同意人能作惡以成善的。

二、美國福音派常常以道德多數自居,每逢選舉就出來「替天行道」,將例行的選舉看成「聖戰」,一副聖戰士姿態,這其實是一種靈性的驕傲。

三、實踐教會的理念時,卻想以世俗政治的手段,達成福音(屬靈)的目標,將彌賽亞期待投射於政治領袖身上,不僅不切實際,恐怕也是缺乏對上帝全權的信賴。事實上,五十年

來已有不少學者提出警告，基督徒要小心維繫教會與政黨／國家的份際，與自身文化保持批判的距離，讓教會保有其「異質性」(Otherness)而成為教會。只是，言者諄諄，右派的教會領袖們似乎沒聽進去。

台灣教會的情況

　　台灣教會在政治認同上有統獨之分，但在政府角色與經濟發展上，似乎都是右派，而大力主張「維護家庭價值」的，更是大右派，從其語言使用、倫理議題的關注與態度，以及動員的手法來看，與美國基督教右派如出一徹，所陷入的道德困境也幾乎完全相同。更有甚者，美國福音派領袖以道德多數自居還有點道理，畢竟政治是很現實的，講究各方的實力。美國福音派有幾個不同的聯盟，總會員數近四千萬（幾年前看到的資料），這麼多人若集中投票，影響力可想而知，難怪教會意見領袖們說話變大聲了。然而政治折衝過程是門藝術，提出論述去爭取社會大眾的支持更是不可或缺的智慧，美國福音派在這方面表現欠佳，25年來「性道德的聖戰」更可謂一敗塗地，美國輿論多數從反對轉向支持同性婚姻，教會本身要負很大的責任。台灣教會右派呢？論會友人數，基督徒占總人口比例4%左右，分屬各大門派，各有自己的系統，其中還有一大部分是這

些右派動員不了的。所以再怎麼算,基督教在台灣都是邊緣團體,不思提出論述去說服社會大眾爭取支持,卻以「社會主流」自居,對國家社會直接指指點點。這情況實在很難形容。

再思家庭價值

家庭是一種社會建構,共同生活於一個家戶之內的親屬組織,因此,家庭不只是婚姻,婚姻更不只是性。家庭的共同生活需要居所、食物、親子互動、家庭教養、美感、幸福、生活的意義與人生的歸宿,更與鄰里、社會在政治、經濟、文化、生態各層面有不等深度的互動。就談談經濟面對家庭共同生活的影響吧。當主計處統計數字出爐,一個單身者生活於大台北地區,每月所需費用是新台幣 36000,平均月薪卻遠低於這個數字,叫人怎麼維持生活呢?教會倒是說說話吧。

設想一對年輕有情人終成眷屬,想要從此過著幸福快樂的日子,但是二人每天都必須上班十二小時,除了經濟成長的果實大部分被資本家拿走,每月薪水一大部分還得先供養房東,整個社會又缺乏幼兒托育機構,他們怎麼敢生養小孩呢?那些鼓起勇氣生養小孩的,尿布奶粉錢不說,小孩入學後,每月得再繳幾千元給安親班,繳不起安親班費用的,只好當鑰匙兒,

因此，教會的課後陪讀班最好還附帶供應晚餐，也只是在補社會破網而補不完。月薪二萬多的父母為了跟小孩隨時保持聯絡，還得給他一支手機，每個月再付幾百元月租費給億萬富豪開的電信公司。當我們的社會結構讓數以萬計的家庭，想要每天全家一起吃晚餐都成了奢侈的享受時，家庭實質上是破碎的，教會該出來說說話吧。對於大老闆來說，幾千萬也只是零頭，然而對於台灣大多數家庭，每月多幾千元收入、每年多七天假，可是家庭生活的大事，教會該說說話吧！

台灣內部的問題，其實不是「本省與外省」或是「統獨立場」之間，而是在統治者與被統治者之間的對立，當年黨國權貴建立的裙帶資本主義，透過教育與社會系統又不斷地階級複製而來的世代剝削，這才是家庭問題的源頭。讓我們從吸血鬼電影的故事打比方吧，吸血鬼一下子就吸乾人血而致人於死，我們會說這是邪惡罪行，然而，聰明的吸血鬼們每天只吸一、二口，不會死人的，數百萬人的身體每天會再生血液，如此數十年，再繼續吸他們的兒子的血。如此慢性吸血，我們倒是視而不見。當剝削的經濟制度使得即使努力工作也淪為貧窮，小確幸只是一桶摻了麻醉劑的餿水油，這些社會問題沒解決，數以百萬計的家庭價值如何維護呢？教會，總該說說話吧。

「家庭」，不是基督教價值

　　這些年不時看見教會的支持團體刊登廣告，或是立法院等各種政治動員手段，即便同性結合專法已經公布施行，網路與媒體上仍舊有基督徒群體揚言要在取得執政權後再「改回來」。這些人士維護其所認定的「家庭價值」之熱心毋庸置疑，然而，任何個人或群體以「代表基督教」、「不同意見者不應代表基督教發言」的論述與行動，最好能先經教會內的同儕檢驗評論，否則，我擔心那些有熱心，卻不按照真知識的行動，結果反倒對信仰的見證有害。基於期待教會內對話以察驗上帝旨意的信念，以下提出筆者的看法，不足之處還請教內前輩指點。

首先需要釐清的是,「維護家庭價值」的內涵是什麼,是要維護某一種特定的「家庭制度」,還是愛護「家人」?是要維護社會制度結構,或是維護社會裡的每個人,能夠好好活得像個人?家庭是社會系統的一部分,有重要功能,也是社會能穩定的重要環節,然而,與其他所有的「人為建制」一樣,家庭制度也有陰暗面。現行華人家庭制度是奠基於儒家一整套君臣父子夫婦的倫理,早有許多學者批判其內在的問題。何況基督徒面對諸多社會制度時,有的會嚴厲拒絕,有的會暫時寬容,有的會調適借用,但不能無條件認同,因耶穌的福音在本質上會顛覆這世界上任何制度。

我們不妨想想,為何教會裡會把「家庭」看得這麼重要,成了神學的核心?會不會是因聖經讀者們的腦袋裡預設了「婚姻家庭」,因此讀到創世記第一章說到上帝就「造男造女」時,直接解讀成婚姻制度,但是,按照經文的脈絡,「造男造女」這幾句話不是在說家庭制度的建立,更應理解成「全人類」的描述。

創世記第二章的確描述亞當夏娃成為配偶,這的確是創造的理想,但是,我們的世界老早就不是「起初」的狀態了。就以一夫一妻制來說,這顯然不是舊約聖經中的「神聖制度」,聖

經沒有責備多妻，倒是嚴厲責備那些詭詐待妻子、背約的人。有些經文更麻煩，以西結書 23 章中，上帝責備南北國都悖逆，因此招致懲罰，但上帝自己的用語卻駭人聽聞：他娶了同一母親所生的「二個姐妹」，這二姐妹都為他生子！

讀者們先不要崩潰。

如果以西結書的經文讓你崩潰，那就意味著，你心目中「某種特定家庭制度是永恆真理」的想法該丟棄了。若連上帝自己都默認社會現況，創意性的借用來作為教育材料，以指正祂的子民與上帝之間的關係。那麼，這經文至少說明了，人世間的婚姻制度本身無永恆的價值，而是現今世代中的「聖像」，指出上帝與祂的子民之間的關係如何的親密。

先知以西結的年代，以色列分裂為南北二國。但耶穌基督的福音把分裂的以色列重新合而為一，還把外邦人（萬民）都包括進來。大衛倒塌的帳幕，已經重新支搭起來了，耶路撒冷、撒馬利亞與外邦人已經成為一。所以，基督只有一位新娘，就是那個無皺紋、無玷污的教會。因此，基督徒按照以弗所書第五章的亮光實行一夫一妻制來表彰這個真理，這是合宜的。

這樣，論到家庭的價值時，請不要把家庭的重要性上綱到幾乎是上帝才能擁有的地位：這個家賦予我們身分、定義人生價值、給予生活的幸福……這樣就是偶像。還有，更要提防在家庭偶像化祭壇的煙霧中，那隻呼之欲出的金牛犢—已婚男人！華人文化與家庭制度裡，「那個已婚男人」掌握了的資源分配與話語權，兒女從他得名，身分地位由他而來，明明是一套社會建構，卻包裝成可惡的的「血緣」觀——「男人」的血緣、「我」的血緣！當今遺傳學的發展提供了極佳的神學洞見，畢竟父親只提供了一半的染色體 DNA，而母親不只提供了另一半，還有粒腺體 DNA，以及整個細胞質！所以，若要論「血緣」，也應該從母系才對。

另外，「生育」在華人文化上有神聖地位，使得華人讀聖經時關注那些「生」的經文，像是「生養眾多，遍滿地面」。這在創世記裡出現二次，一次是創造起初，另一次是洪水之後，世界再造之時。我想，原因很單純：那時全世界人口非常稀少。況且，挪亞一家受吩咐要「生養眾多」，在創世記十一章已經實現，那時人類已經「遍滿全地」按著宗族立國了。因此，對全球人口已經過剩的現代基督徒來說，這幾處經文是描述性的，而非規範性的。不要再引用這經文去「命令」基督徒多生小孩了。

「生育」在聖經中不太重要,「按照上帝的應許出生」才是重點,從以撒的出生,到眾先知的教訓,一直到新約,都在強調人的身分來自於「上帝國裡的法定地位」,如:

「那本不是我子民的,如今成了子民。」——這叫作「收養」

「不生育的,比有生育的,兒女更多。」顯然是指上帝的以色列。

「耶穌還對眾人說話的時候,不料他母親和他弟兄站在外邊,要與他說話。有人告訴他說:『看哪,你母親和你弟兄站在外邊,要與你說話。』他卻回答那人說:『誰是我的母親?誰是我的弟兄?』就伸手指著門徒,說:『看哪,我的母親,我的弟兄。凡遵行我天父旨意的人,就是我的弟兄姊妹和母親了。』」(太 12:46-50)

這樣,我們可以說,我們是在基督裡被上帝「收養」,按照祂獨一親生兒子的樣式,得著兒子的名分。所以,人生的起點並不是出生之日,而是受洗加入教會那一天!

楊腓力講過一個故事,提到有位妓女因生了孩子,生活更加辛苦,更無法脫離賣淫生涯。有人問她:何不到教會去求

助?這妓女以輕蔑的口吻回答:「我已經很糟糕了,那群人啊,讓我覺得,我更糟糕。」這可能也是我們的故事。路加福音15章說到「稅吏和罪人都挨近耶穌。」若現今台灣的「罪人」在教會找不到恩典、遇不著耶穌,那麼,基督徒該懺悔,我們的自義與虛偽之罪,比娼妓稅吏要嚴重得多。

所以,請正視「宣教的弔詭」——很多事,即便如偶像崇拜這等超級大事,教會在神學上要譴責,在法律上卻須保障每個人的宗教自由。所以,若政府要修法禁止拜媽祖,基督徒的反應不應是「哈利路亞,讚美主!」而是最好第一個出來反對!

耶穌吩咐祂的門徒要彼此相愛,又要愛鄰舍。然而真正的愛,是不強制的。一旦想要把好東西強加與人,那便不是愛,而是宰制。影集「你的孩子不是你的孩子」提供了許多例證。如果基督徒想要透過世俗手段,將「基督教價值」強加在非信徒身上,這樣與某些極端的伊斯蘭帝國擴張之時,一手彎刀一手可蘭經、不願入教的就處以死刑,只是五十步笑一百步而已。基督徒啊!請不要當十字軍,收刀入鞘吧,不需要為了某種今世的社會制度當「聖戰士」。

所以，教會得持守十字架的精神，畢竟倫理議題從不是「議題」，而是一個個活生生有血有肉的人之困境與傷痛，本質上都是「存在的掙扎」：我到底是誰？我如何成為「更好的我」？我們又如何成為更好的社群？在這過程中，很多事難免讓人感到厭惡甚或恐懼，但身為基督徒，既然體會了基督的心腸，請把不舒服的感覺留給自己就好，不要發洩在別人身上。「他們」，不是敵人，而是鄰舍。請抱持著「我不同意你的觀念與選擇，但我會在你旁邊，跟你一起承擔後果」的態度，立志成為他者的同伴。不妨從身邊的小事做起，如：一個發自內心的微笑，或是一句因尊重上帝所造之人性而真誠的問候，真的不必當總統才能為台灣開太平。

　　教會是上帝給這世界的「聖禮」與「恩典的媒介」，上帝的道以可見的方式展現出來。期盼台灣教會的整個生活能成為聖禮，使基督的恩典再次成為肉身，住在世人當中。

教會・病理・學

以色列狂熱症

　　近年來不少台灣教會的牧長們提倡要尊榮猶太人,以猶太人的方式過猶太人的節期如吹角節、住棚節,又稱猶太人是「基督徒的長兄」,倡導某些「猶太化」的信仰實踐,這些牧長們的熱心無庸置疑,然而,其聖經的根基卻有待商榷;在信仰上我們不只要熱心,更要有符合聖經的真知識。

　　關於以色列人的地位,這題目是燙手山芋,往往會引起支持者與反對者的情緒反應,討論的人恐怕會被丟石頭。無論如何,我們得嚴肅而誠實地面對現實與聖經經文,恰當地瞭解以色列人的地位。

讓我們先澄清這二詞的意思：

猶太人：社會建構的族群標籤，因長期的歷史因素而形成的文化族群。

以色列：政治上的國家名稱。

關於猶太人的地位有幾種立場，超簡化的區分如下：

1. 反閃族主義（anti-Semitism）：這派主張猶太人沒有合法地位，極端的甚至主張猶太人就是該死，不應該存在世界上。當年德國納粹黨是歷史上的鮮明例子。
2. 錫安主義（Zionism）：猶太人提出的，主張猶太人是上帝選民，有優越的地位，凡是反對猶太人的，就是與上帝作對。猶太人成立自己的國家「以色列」，是上帝旨意的彰顯。
3. 基督教錫安主義（Christian Zionism）這是基督徒提出的，強烈主張猶太人的優越地位，有不同版本。

以下所舉例子取自《新使者》133期〈你支持哪一邊？淺談「基督教錫安主義」〉：

- 猶太人特別受上帝恩待，祂並把聖地賜予他們。聖地是根據上帝的命定永遠屬於他們。無論歷史或時間的流逝、猶太人的宗教和道德狀況怎樣都不能改變這個事實。
- 任何祝福猶太人和猶太國的個人或國家，上帝都會祝福他們。相反，上帝會詛咒或懲罰那些不這樣做的人。
- 今日的猶太人是聖經時期的以色列人的直系延續。所以，正如舊約時期的各國會因著他們如何對待古以色列而被審判，今日亦如是。
- 幾千年前的舊約預言，自1948年現代以色列國成立之後陸續應驗。
- 上帝的末日計畫是直接與現代以色列國有關係的，而基督徒可以憑著協助實現那些關乎以色列的預言而加速耶穌的再來。
- 現代以色列國的成立是一個上帝為猶太人所做的神蹟，亦是一個末世和耶穌快來的徵兆。
- 目前在中東的衝突是由於那些不明白上帝對聖地旨意的巴勒斯坦人、阿拉伯人和穆斯林所引起的。
- 直到耶穌再來之前，中東不可能會有和平。所有那些由猶太人、阿拉伯人、聯合國和美國的付出，為促成阿拉伯人和猶太人之間和平的努力是沒有用及注定失敗的。

- 猶太人將會在阿克薩清真寺和／或金圓寺上建造一個猶太聖殿,並在裡面繼續向上帝獻祭。
- 一場龐大(並按字面解釋)的戰爭——哈米吉多頓,將會於末世在以色列和鄰國之間爆發。當三分之一的猶太人在這場最終之戰被殺後,猶太人就會相信耶穌,而耶穌就會從天而降拯救他們。

由此可知,基督教錫安主義其實是很狹隘的猶太族群中心主義,基督徒如此主張,叫巴勒斯坦基督徒弟兄姊妹們情何以堪?試想,以色列建國之前,巴勒斯坦人中基督徒比例約10%,與穆斯林鄰居和睦相處長達千年,1948年之後猶太人開始篳路藍縷,巴勒斯坦人便開始顛沛流離,現在巴勒斯坦基督徒比例已不到2%。在聖經的詮釋上傾向某種類型的時代主義,在政治、宣教行動都產生深遠影響。別的不說,其中隱含的「救恩雙軌制」,意思是耶穌的十字架救恩落了空。這種神學立場,怎能接受?那麼,從基督教立場該怎麼看?

福音主義之真以色列

繼續討論之前,先思考一個問題:現在以色列這個國家與聖經的以色列是同一個嗎?

如果是同一個，那麼，錫安主義的主張或許能成立。然而，我要請問主張「是」的朋友，您的主張的聖經根據何在？神學理由為何？如果沒有穩固的聖經與神學的根據，而只憑國際的外交承認，這主張是不能成立的。若要將現代猶太人等同舊約的以色列人，文化的繼承上或許可以說是，但神學上，有些問題得先處理：他們屬於哪一個支派？有沒有家譜可以證明？「現代以色列國的成立是上帝的旨意」，是否屬實、有聖經根據呢？在耶穌復活升天之後，在耶路撒冷的石頭聖殿，還是「聖殿」嗎？同樣的，巴勒斯坦這片土地，還能稱作是「聖地」嗎？以上僅是簡單舉例，問題還可以一直列下去。如果以上問題都得不到神學肯定，那麼，1948 年成立的以色列這個國家，不是「復國」，而是「建國」，取名為「以色列」，聲稱就是聖經的那一個以色列，不就是吃豆腐、佔盡便宜？

基督徒得仔細區別「文化意義的以色列」與「信仰意義的以色列」的不同。保羅在羅馬書第十章控訴當時的以色列人背棄上帝，上帝不斷差遣先知，只是人沒有都聽從，事實上，不信的人居多。硬著頸項的人不願意聽從上帝的福音。所謂先知的路就是為義受苦的路。以賽亞書 6 章 8-10 節：「我又聽見主的聲音說：『我可以差遣誰呢？誰肯為我們去呢？』我說：『我

在這裡，請差遣我！』他說：『你去告訴這百姓說：你們聽是要聽見，卻不明白；看是要看見，卻不曉得。要使這百姓心蒙脂油，耳朵發沉，眼睛昏迷；恐怕眼睛看見，耳朵聽見，心裡明白，回轉過來，便得醫治。』」所以即使上帝也「整天伸手招呼那悖逆頂嘴的百姓」！

揀選的餘數

雖然大部分以色列人不信，還有些是相信的；舊約裡的鮮明例子，是先知以利亞的時代，他控訴全國都悖逆去拜偶像，只剩下他一個，但是上帝還留下七千個人，這七千個人不為世人所知。按照上帝揀選的恩典，有些人得救了，其他的，就成了頑梗不化的。他們既然一再抵擋上帝，上帝就任憑他們為所欲為，去嚐嚐自己作惡的苦果。

由此觀之，即使是在舊約時代，以色列人也要分成二種：第一種是血統的、文化上的以色列人，這種是「憑人意」作以色列人；第二種是信仰上的以色列人，是真正信靠上帝，在上帝家裡的人，這種是真以色列人。保羅的話這樣說，從亞伯拉罕生的，不都是亞伯拉罕的後裔。不是憑仗人為的標準（血氣、血統），而是憑上帝的應許；信心像亞伯拉罕的，才是亞伯拉罕的兒女。

教會・病理・學

真以色列

　　萊特以迦南地的耶布斯人逐漸融入以色列大衛家的歷史為例，說明聖經中真正的以色列人並非如基督教錫安主義者所主張狹隘的族群主義，而是信仰的、寬大的、包容萬邦的：萬國要成為以色列的一部分，「列國將獲得以色列的身分，上帝的子民將跨過民族和地理的界線，『以色列』這名將被擴充、重新定義。」（參看《宣教的上帝》，583 頁及以下）眾先知所預示的以色列，在基督裡實現了。

　　福音書強調耶穌刻意選召十二門徒，代表了以色列十二支派，象徵以色列重新開始；使徒行傳記載哥尼流歸主事件，迫使還擁抱猶太中心主義的初代門徒開始深刻反省，而耶路撒冷大會的決議表明了，是聖靈的帶領使他們重新詮釋聖經，外邦人不必先歸化成猶太人才能進入上帝國，外邦人也可以是上帝的子民。啟示錄中新耶路撒冷城是從天上降下的，城有十二個門，城牆的根基是羔羊十二使徒的名字。所以，神學上的「以色列」是個開放、包容性的團體，將不同的文化族群都整合在內，是上帝的那一個子民，是基督的身體、聖靈的殿。所以「教會」──新約的語言──上帝的子民是真以色列，不斷在發展擴充，從一人、一族到全世界，這是從舊約到新約一貫的教訓。

請問提倡基督教錫安主義的牧長們,你們要將台灣教會會友帶往何處呢?

教會・病理・學

教會的失憶症

我們因為記得我們的過去,從過往經驗建構自我,所以知道自己是誰。然而有種疾病叫作「失憶症」,是因腦部傷害或是心理受到重大創傷所引起,患者對於自己的身分、記憶、或環境整合功能出問題,這樣的人因為遺忘了那些建構自我的重大記憶片段,失去了自己的過去,因而不知道自己現在是誰,或是有很多個「我」,以不同身分繼續生活。

一個人以不同身分過不同的生活,這件事本身就非常戲劇化,因此,失憶或失憶症成了許多劇作家發揮創造力的題材,在許多電影或電玩遊戲的情節出現。

《復仇者聯盟》的主角之一「鷹眼」被邪神洛基洗腦（催眠），失去自我，雖然一身武藝還在，卻是為邪神作惡，直到被黑寡婦重擊頭部昏厥，醒來後恢復記憶，才又成為大俠鷹眼。

失憶的後果

　　當代某些教會似乎也是如此，不知因何緣故忘記自身的過去與身分。信仰的失憶症有輕有重，後果亦不相同。那些「忘了舊日的罪已經得了潔淨」的，會閒懶不結果子（參彼得後書1:4-11）。某些症狀嚴重的，還缺乏病識感，不會問「我是誰」，就成了四不像，製造了不少奇聞，以下舉例說明。

　　教會成了企業：教會作為一個信仰社群，不只具有超越的神聖性格，亦有實務面的人性架構，的確需要建立行政制度，以便忠實地管理受託付的資源。然而，某些教會說是要建立「目標導向的教會」，所定的目標卻是每天得做多少事、每星期探訪多少人次、每年帶領多少人數入會等等，極其績效掛帥。當管理與事務性目標凌駕了人性尊嚴，使得會友不再是「人」，只是「人力」、「財力資源」時，教會就變了質。這樣的作法其實是在抹滅人性，反福音的。

教會變成家族企業：出身於企業家、教師或醫師的家庭的，因從小耳濡目染、刻意栽培，成年之後有很高的機會也成企業家、教師或醫師。克紹箕裘原是美事，也是社會化過程的一部分，因此社會上有「醫師世家」、「教師家族」等。擔任牧師的，從小教育自己的兒女，期望他們也專心事奉上帝，是理所當然與信仰上的應然；若兒女接手繼續牧養同一個堂會，或幾代之後家族內多人成為牧師，也是基督徒的見證。然而，牧職的授與及派任，須按符合基督教倫理的正當程序辦理，不可私相授受，由前一任領導人指定接班人的方式，甚至直接轉給自己的兒子。教會不是長老或主任牧師的家族事業，上帝才是老闆！

　　更有等而下之的，教會成了直銷老鼠會，那些多參加聚會、多出錢、多出力做事的（美其名為「服事」），在社群內地位晉升就更快。聚會時燈光氣氛，唱歌很激昂，到了讀聖經時就睡倒成一片，講道不講聖經教義，專講些勵志故事，振奮人的心理，活像直銷商的忘年奮興大會。

　　還有一種類型，教會內層層管制，會友任何動靜都要逐級報告、做成紀錄。主任牧師是老大，教會內人事與預算、辦公室的分配或職位的調度，通通他一人說了算，於是乎職員們都

得專心仰望主任牧師關愛的眼神。女士也有門路，那些想要升階的，努力陪老大的妻子（往往也按立為牧師了）逛街泡 SPA，高升的機會就大增。教會的治理固然有不同模式，主教制也有其歷史傳承與運作方式，優點也不少，然而這種「鞏固領導中心」的把戲，豈不是像幫派嗎？

也有將教會變共修團體、教堂變道場的，強調靈不靈很有關係。在基督教圈子裡當然不會用「磁場、能量」這類詞彙，但會用聖經詞彙來包裝，如靠講台前的位置離講員比較近，因而「恩膏比較強」云云。

而某些教會狀況則是選擇性的失憶，刻意遺忘過去某些暗黑歷史片段，以另一種面目出現。這樣刻意迴避的結果，不僅無法漂白污點，在上帝的審判臺前亦無法交代。

當年以色列人出埃及，在曠野路上想吃肉的時候，就記得埃及的好處：「我們記得在埃及的時候不花錢就吃魚，也記得有黃瓜、西瓜、韭菜、蔥、蒜。」（民 11:5）這群閒雜人卻刻意遺忘上帝已經帶領他們出了埃及，從奴役狀態釋放的歷史事實。也有人不記念先知、使徒們所傳的救主的聖言，他們「故意忘記」（彼後 3:5），這種類型的選擇性遺忘是靈性的致死之疾。

正確地記得

有學者說得好,「教會唯有在其自身的歷史中認識上帝,才能辨識出上帝在此時的行動。」當年使徒保羅要求小亞細亞眾教會應當記住自己是誰:「你們從前按肉體是外邦人,是稱為沒受割禮的;這名原是那些憑人手在肉身上稱為受割禮之人所起的。」然而,基督的十字架歷史事件賦予了他們的新身分:「這樣,你們不再做外邦人和客旅,是與聖徒同國,是上帝家裡的人了。」(參弗 2:11-22)他們成了「被揀選的族類,是有君尊的祭司,是聖潔的國度,是屬上帝的子民。」

初代教會每逢聚會的時候舉行聖餐,一次又一次地透過同桌吃飯此特定行動,復述基督乃逾越節羊羔的神聖敘事,來傳遞信仰的知識,使全教會能以使徒們所傳揚的方式,記住基督十架的意義,並按照十架所賦予的身分活出相稱的群體生活,以至於群體的認同與合一不斷地塑造與強化。也就是說,「禮儀的吃」是個信而順服的行動,在回顧過去、期盼基督再臨,而活在當下。(參林前 11:23-26)

教會不是從石頭蹦出來的,任何一間堂會都不是。二千年來,獨一的教會持續成長,在各社會文化場域取了不同肉身樣態而多元展現,上帝的教會在台灣是其中一部分。主內同道何

不試著從自己所在的群體開始,回溯自己的神學 DNA,尋根信仰的傳承,找回自身的歷史,一直到五旬節聖靈降臨時的那個教會呢?即或不然,至少要能回溯到五百年前那個風起雲湧的時代。

　　找回自己的過去,才能知道自己的現在,也才能肯定將來往哪裡去。或許當代教會需要如武俠小說中的鷹眼被一棒打昏,看看能否恢復記憶,好尋回歷史意識,恢復教會的身分。

教會・病理・學

教會之厭女情結

　　社會上似乎瀰漫一種貶抑女性的氛圍，認定女性天生上不如男性，理應居於從屬地位，職務分工不是看性格才智，而是先看性別，甚至嘲諷那些稍顯才智勇氣的女性，連「女人也難為女人」。若是團體出了什麼差錯，則歸究於「紅顏禍水」。這種意識形態厭女症幾乎存於文化骨髓裡，教會圈子內也無法倖免，於研討聖經、言談之間，有意無意就會顯露出來。

　　筆者曾聽聞傳道者講論馬太福音的家譜，認為耶穌家譜中的幾位女性：他瑪是亂倫、喇合是妓女，道德敗壞，而路得是摩押外族人，卻列在家譜裡，這些女性是耶穌的羞辱的記號。

因此,「福音能承擔羞辱。」聽得令人心驚膽顫。信息是好的,但解經大有問題。

他瑪有亂倫嗎?若真是這樣,不就早該被處死了?當年猶大怎麼說:「她比我更有義」?

喇合是妓女,的確是很糟糕的職業。問題是:她為何從事這職業?是她自甘墮落,還是不得不如此?還有,聖經有責備他瑪、喇合不道德嗎?我沒找到。

這二位女性,聖經作者沒說她們「道德敗壞」,反倒稱許她們的信仰,畢竟,他瑪為了替過世的丈夫生子留名,苦苦等候,猶大卻背約,沒讓小兒子娶寡嫂,因此,她冒著生命危險假扮妓女,找上依照至近親屬法的下一順位人選——公公猶大,果然,生了雙胞胎。二個過世的丈夫都有了後代?不,這算猶大的。他瑪的行為不值得鼓勵,但責任在猶大。

至於喇合,為了信靠以色列的上帝,救全家人免於滅亡,可是干犯叛國罪耶!因此,這位冒死來投靠上帝的,希伯來書裡列在信心偉人的名人堂裡,而且還是最高峰的典範,確是名符其實。

若要講福音能承擔羞辱，不如好好發揮「烏利亞的妻子」。這位女士是誰？她明明有名字啊，其實讀者心知肚明，即便古代書寫成本極高，但就只是多加幾個字母，馬太福音作者卻刻意隱藏，使得她不被紀念，為什麼呢？

我讀過、聽過的解釋有：

1. 拔示巴與大衛犯了姦淫。

但其他幾位被看作道德低下（亂倫、妓女、摩押女子）的女性有指出名字呢！

還有人說，拔示巴在屋外洗澡，不在房子裡洗，引誘大衛王，所以犯罪了。

這實在令人匪夷所思！

解答 Why 之前，得先解 Who：誰是「烏利亞的妻子」？

根據撒母耳記下十一章的經文記載，以色列與亞捫人的戰爭還在打，戰事緊繃，大衛王沒親自領兵上前線就罷了，好歹也該運籌帷幄，他卻睡到黃昏！在王宮平台上散步眼睛亂瞄，就看到美女沐浴。大概是某種潔淨禮儀，因經文說她「月經剛

潔淨」。大衛派人打聽，回報說：「她不是以連的女兒，赫人烏利亞的妻子拔示巴嗎？」回報者的疑問句修辭頗耐人尋味。

「以連、烏利亞？」若此以連就是撒母耳記下 23 章 34 節的以連，那麼，拔示巴的父親以連是大衛三十勇士之一，丈夫烏利亞也是（撒下 23:39）。

聽到這二個名字，大衛該死心了吧？然而，明知是跟著自己出生入死、忠心耿耿的部下，甚至願意賣命的兄弟，還在前線與亞捫人作戰，大衛卻貪戀他的妻子，看見他的妻子就動了淫念，他不只沒挖掉自己的眼睛，卻是差「使者」（複數，三人以上男性）去帶拔示巴進宮。

這算是皇上召見？聖旨是什麼時間宣達，早朝時刻，還是晚上？拔示巴知道大衛王的意圖嗎？若她當時知道，她有能力拒絕嗎？所以，這情況不是通姦，而是

權勢性侵！

權勢性侵！！

權勢性侵！！！

然後，拔示巴竟然懷孕了，噩耗！

大衛王啊，您以為生理期剛過的女性就算安全不會懷孕嗎？現在不只部下們知道，上帝也知道。

出來面對吧！

有註釋書說，拔示巴竟然沒先告訴丈夫，夫妻一起面對解決，而是通知大衛王。這真是不可思議！拔示巴用什麼方法通知丈夫，打手機？傳微信？她知道丈夫在哪、信差到得了戰場嗎？八成又是厭女情結發作了。

然而，大衛為了掩飾，竟然借敵人的手殺死自己部下，而且還是利用烏利亞的忠誠。這麼邪惡的事，影響極為深遠。想想看，忠心的結果竟是如此悲慘，以色列哪一個軍人還會奮勇打仗？他們難道不會懷疑，下一個會不會就是我？

這是信任危機，不僅道德淪喪、王國崩解，在當時以色列神權政治社會中，更是信仰危機：這不是上帝選中的王嗎？上帝沒在看嗎，還是祂護短？這樣的上帝，還是上帝嗎？

後來的發展，大衛嚐到各種自己種下的苦果──兒子們骨肉相殘，最寵愛的兒子要革他的命。大衛家族的歷史，就是一部宮廷鬥爭史。老臣亞希多弗「背叛」大衛，可能不只是懷恨，

而是要推翻邪惡的暴君，扶持孚眾望的賢明王子取而代之。他的問題不在於是否背叛大衛，而是代替了上帝。

因此，馬太福音「烏利亞的妻子」這寫法，有幾個可能性：

1. 暗示馬太福音的作者不承認拔示巴是大衛合法妻子。丈夫過世，成了寡婦，是可以再嫁，但就是不能嫁給大衛—大衛王是使她成為寡婦的兇手。然而，王的女人，誰有這麼大的膽子？那麼，拔示巴呢？她知道丈夫的真正死因嗎？當時應該被蒙蔽了，但後來呢？約押會告訴她嗎？
2. 從後來的聖經敘事，拔示巴的人生除了參與王位之爭，實在看不出她的信仰與人品有什麼值得效法的。因此，隱去名字。
3. 以上二者都不是重點，真正的重點是馬太的修辭「烏利亞的妻子」，焦點清晰絕無模糊，不會轉移讀者的注意力。簡單一句話，便拎起這段歷史公案，突顯大衛人生最為醜陋的一幕。

因此，聖經寫大衛的故事，正如一些學者所主張的，不是典範，而是鑑戒：大衛不是好的領袖，不應美化他的悔改。真

正的屬靈領袖典範，是冒著殺頭的危險去責備邪惡的君王的先知拿單。繼位的所羅門搞集權鞏固領導中心奴役人民，又以皇家之力提倡異教崇拜，也不是什麼好貨，更別說有些敗德敗行的惡王、大衛的不肖子孫。但是，為何聖經蓋棺論定，稱呼大衛王是「合神心意的」？因他徹底悔改。

我還沒看過有哪個國族、機構、組織，會把自己的開國君主、創辦人的人性黑暗面寫在神聖正史裡，讓歷代誦讀千古傳唱的。這群上帝子民把列祖的劣行明明白白、鉅細彌遺地寫在聖書上，因他們學會了：不在於人的道德善行，而是上帝的恩典；雅威以色列的上帝，是信實的。因為福音，整個群體能直面自身邪惡，承認集體的人性幽暗：我們都是罪人，又活在罪惡世界中。真的，不是人有道德，而是上帝有恩典。馬太福音開宗明義講「亞伯拉罕的後裔，大衛的子孫耶穌基督的家譜」，其用語「家譜」等於起頭，暗引創世記。也就是說，耶穌的出生開啟了一個新世界：那位使大衛的王位要堅立到永遠的彌賽亞王出現了，亞伯拉罕的後裔要成為大國、要使萬國蒙福的應許，應驗在耶穌身上，時候到了。這是耶穌彌賽亞的新世代！

現今若有人效法先知拿單，勸戒濫權的教會君王要悔改，恐怕會先被君王身邊的御林軍斥責「毀謗上帝重用的僕人、破

壞教會的事工」,而被驅逐到曠野了吧!

王啊(董事會、總幹事、主任牧師、使徒、小組長……),你就是那人,請出來面對。

話說回來,為何許多聖經注釋書,以「道德主義」把責任推在女性頭上呢?明明是那些有權的男性闖的禍啊!某些「傳統說法」,若是出於某位前輩對某段聖經經文的誤解,就應該修訂了。

教會・病理・學

別想把人嚇進天國

我們知道並且深信上帝是愛我們的。上帝就是愛……在愛裡沒有懼怕；完滿的愛把懼怕驅逐出去，因為懼怕裏含著懲罰，懼怕的人在愛裡尚未得到完滿。（約壹 4:16-18，和合本 2010）

許多年來，台灣某些基督徒圈子裡瀰漫一股「恐懼」氣氛，既擔心群魔亂舞，一不小心就邪靈纏身，也擔心萬一某條法律修改了，會不知道要怎麼教育小孩，更有甚者，擔心台灣成了性解放之島而落入被上帝天火焚毀的危險，因而有各種動員行動，大規模上街遊行表態。有分析者稱呼為「恐懼動員」。這倒

讓我回想起一些往事。

記得 1994 年有人出版了一本書，叫作《1995 閏八月》，作者按照中國古老的「推背圖」，主張每次到了陰曆的閏八月，都有大禍患發生，而 1995 年就是閏八月！當時基督教內有好些人起來談「上帝的啟示」，有的說是看到異象，或上帝在夢中啟示，宣稱因台灣拜偶像太過嚴重，上帝要藉由中共人民解放軍攻打台灣來審判罪惡。雖然有不少牧長反駁：若說台灣拜偶像很嚴重，上帝要審判，那麼中共主張無神論，連上帝都否認，怎麼上帝不審判？然而基督教圈內極為恐慌，該書也洛陽紙貴，1994 年 8 月 1 日一版，當年 10 月 20 日就已出到第四版，七十刷！

台北七號公園邊的巨型教會為此開說明會，而基督徒開設的移民代辦公司就在門外發廣告宣傳單，宣稱「佔地三百坪海景第一排別墅只需十萬美金」。不少基督徒因為相信這一切而匆忙賣房子移民外國，到「上帝指示的避難之處」去了，從眷村發跡的循 X 會受害尤烈，不得已之下要提告到處宣講此「上帝啟示」的陳 O 亮牧師。那麼，1995 閏八月到底發生了什麼事？嗯……有啦，那本書的作者賺了上千萬台幣，移民北美當寓公了。事實證明當初那些宣稱的異象、夢兆或上帝啟示都是妖言

惑眾,但直到如今,我還沒看見當初那些傳講者,或開說明會的教會當局出面道歉。

後來教會圈又增添新類型的 fear factor:邪靈作祟,搞得教會內鬼影幢幢。不少教會相信人類世界充滿了不可見的精靈鬼怪邪惡勢力,而這些邪靈大軍有能力入侵人的內心,人的各種犯罪舉止、甚至是身體疾病便由此而生。因此,基督徒常常需要實施「釋放」,要把人從各種謊言的靈、不順服的靈、瞌睡的靈、淫亂的靈、苦毒的靈、感冒的靈,以及心臟病的靈的捆綁之下釋放出來。大概是有感於全台灣「釋放」了這麼多年還釋放不完,於是發展出根本之道:事先預防。要出門探訪或「屬靈爭戰」前,先作「穿上軍裝」的禱告,回程作「潔淨禱告」,以防邪靈入侵。這操作手法與理念,怎麼和民間道教信仰裡的「避邪草」、「淨身水」有 87% 相像?

我想,台灣基督徒的恐懼由來已久,除了受到民間泛靈論信仰的影響而懼怕邪靈鬼怪之外,至少還有二重因素。首先,耳聞那些經歷過國共內戰之創傷的父執輩的人生故事之潛移默化,或是戒嚴時期國民政府的宣傳與教育,比如說:「小心匪諜就在你身邊」等,透過整個社會系統形塑了「共產黨很可怕」的氛圍,於是,怕死、怕鬼、怕共匪內化成集體恐懼感。

不幸的是，基督徒的恐懼感並未隨著信耶穌之後而得療癒，因為華人基督教的信仰傳統之緣故，所使用的福音佈道的信息，正好是以「恐懼」來驅動的。當年愛德華滋等清教徒神學家的講道，提醒聽眾要警覺「當罪人落入憤怒之上帝手中時」的可怕，帶動了一波波奮興運動。二十世紀以來的佈道神學仍是基於這個範式，比方說，許多人熟悉的「三福」以「如果今天你離開這個世界了，會去哪裡呢？」來破冰。雖然近來福音茶會的方式以溫馨路線為主，但神學信息仍不脫離上帝的審判為中心。

這樣，文化、政治與神學三股因素合一，「恐懼」成了基督徒深層心理的基調，也就難怪稍微受驚嚇，就會採激烈反應了。

基督教的罪論極為深刻，描述人類被邪惡宰制而無力自拔的存在狀態，這是重要的。然而，福音是好消息，上帝是慈愛的，基督徒傳福音不宜以恐懼感來驅動，意圖將人嚇進天國。若是上帝要求世人順服祂，不從者便天打雷劈，這豈不像男子對心儀的女性說：「跟我結婚，不然就殺你全家！」這樣的上帝還是良善的嗎？

請別誤會，我並非主張對待上帝可以隨隨便便，而是要建立「正確的懼怕」——敬畏，其對象、動機都要正確。基督徒

該怕鬼嗎？不需要，也不應該，唯一該懼怕的對象，是上帝本身。懼怕上帝也不是因為懼怕刑罰，成天提心吊膽，唯恐若犯了什麼錯，就會被上帝處罰。這種懼怕刑罰的心態，是因不明白上帝的愛是何等長闊高深所導致。也就是說，這樣的人內心裡還是個奴隸。

或許我們初信時，知識德性各方面尚未成熟，心態還像個奴隸。然而，隨著年歲漸長，上帝的恩典體會越多，應更能使我們從心底確認：上帝是信實良善的。當我們對上帝的愛越有把握，就會將為奴的恐懼感消除，享受身為上帝兒女身分的自由自在。同時，認識到上帝的威嚴偉大，會使人深覺不配。因此，基督徒會以健康的心態「懼怕」上帝，不再是懼怕刑罰，而是敬畏：面對神聖的上帝，既恐懼戰兢、不敢任意妄為，卻又深受吸引、全心愛慕的交織情感。

最後總歸一句：請不要再散布恐懼了。我們能把人嚇進教堂，但無法把人嚇進天堂！更不可以恐嚇信徒不准離開自己的堂會，否則就失去「屬靈遮蓋會遭致魔鬼攻擊」云云，以恐懼來驅使會友投入大量時間與金錢在教會個各項活動上。

上帝不是暴君，真的不是。

情感的救贖

　　請問一下您在什麼場合會高興？會為什麼事崩潰？什麼原因呢？根據利未記10章1-7節記載，亞倫擔任大祭司，卻在一天當中死了二個兒子，因為他的二個兒子獻凡火給上帝，當場死在祭壇前。真是悲哀啊！但是摩西卻不准他哀哭，告訴他不可以蓬頭散髮，也不可撕裂衣裳。為什麼摩西這麼冷酷無情？恐怕不是摩西無情，而是亞倫那時候穿著大祭司的袍子，正在執行大祭司的職務，在那個場合，他也就更需要尊上帝為聖、使上帝在眾民面前得榮耀，這件事更重要。這經文提醒我們，一個信靠神、事奉神的人，情感更需要救贖。

就從「喜愛」說起吧。我們喜歡什麼？iPod, iPhone, iPad？老爸會說：每次都是 I paid！再問深一點的：為了什麼理由喜歡？台灣基督徒年輕人到了某一個年紀就想要「尋求上帝的旨意」。為什麼想找對象的時候才想到「上帝的旨意」，因為是「人生大事」？那麼，我們每天怎麼使用金錢、時間，怎麼就沒有尋求上帝的旨意？每天一點一滴的生活養成好習慣，會影響一輩子，難道就不是人生大事？就不用尋求上帝旨意了嗎？

「愛」呢？基督徒愛什麼、又為了什麼動機呢？「愛」是聖經所教導的基督教「樞德」之首：如今長存的，有信、有望、有愛。許多人也常掛在嘴邊：「耶穌愛你，我也愛你。」哦，真的嗎？我今天心情不太好，剛丟了工作，中年轉業又很困難……如果閣下您連我姓誰名啥都不想知道，好意思說「愛」嗎？話說回來，台灣許多基督徒還蠻「愛國愛教」的。我最近很努力在說服自己：基督徒要愛國，但不超過聖經所記；動機不是出於民族情緒或政治利益，而是出於對上帝的忠貞；愛國的方式、與對國家的期待，更應該剔除族群認同的影響，回歸上帝的聖言。基督徒／教會需要隨時與自己的文化根源與國家認同保持距離。

基督徒要不要「愛教」?「教會」若是指那個排他性的體制，參與這個體制內的活動稱為「事奉」，因為這些活動被稱為「屬靈」的，其他非體制內的活動是「屬世的」，那麼，這個「教」要不要也沒什麼關係了。基督教會是教會，社會學的型態是 ecclesia, church, 或 sect，就是不能搞成 cult。教會裡千萬不要搞「鞏固領導中心」或是「鞏固自我中心」這種偶像崇拜的罪惡。教會是基督的身體，每一個基督徒都屬於這一個身體，所以我們委身於一個體制性的教會裡，這是出於我們對基督的信賴與忠心，雖然有時候很沒成就感，甚至失望。

再者，什麼會讓人覺得噁心?「髒」東西讓人厭惡。「髒」不是生理衛生方面的概念，而是社會文化的概念。「髒」會引起人強烈的心理排斥反應。聖經也記載某些事情會使上帝很反胃。聖經說上帝「恨惡罪」。用我們的話來講，邪惡的事會讓上帝全身起雞皮疙瘩、噁心、反感、厭惡、頭痛。你和我，作為基督的門徒，有沒有引起同樣的反應?有哪個人讓你很厭惡嗎?為了什麼原因呢?我們要想一想。這樣說吧，想像我們住在一個衛生條件很落後的地方，廁所是古代的型式，若您突然看見小孩子從茅坑裡被拉出來，渾身發臭，是否會讓你覺得很噁心?大多數人第一時間大概都會有這種感覺。如果這小孩

是你的小孩,你的心情有什麼不一樣?噁心之外,可能又有點羞愧,但他是「我的小孩」;再加上生氣,惱羞成怒,他怎麼搞的,丟我的臉;卻又有點捨不得。如果他是遇見強盜,被挾持當人質,強盜逃走的時候,什麼值錢的都沒拿到手,把小孩丟進糞坑裡洩憤。如果是這樣,你應該會十分捨不得。無論如何,您作為小孩的父母,一定會忍著惡臭,把他清洗乾淨的,對不對?為了把他弄乾淨,我們願意弄髒我們的手,我們還是小孩的時候,我們的父母,尤其是母親,就已經這樣做了。上帝就是這樣對待我們的。所以,如果教會裡有人做了什麼讓人不滿意的事,說了些不恰當的話,不管他是真的得罪上帝,或者只是不符合我們的期待,先不要厭惡、生氣,先想一下,他是我們的親兄弟呢!

尼希米記第八章 9-12 節說到被擄歸回的以色列人修建城牆以後,文士以斯拉宣講律法,帶領敬拜。以色列人聽見律法書上的話都哭了,因為,幾十年來,他們第一次聽見聖經,他們太感動了。為此,以斯拉對眾民說:今天是耶和華你們上帝的聖日,不要悲哀哭泣,反而要高興歡喜。信徒們就歡喜快樂,慶祝那一天的聚會。我們該慎重地慶祝「節期」——何時苦修、何時歡樂,這是基督徒靈修訓練重要的一部分,因為基督徒的

情感 —— 喜怒哀樂愛惡慾，需要操練、需要上帝的話語來引導和約束。人生是歡樂有時、悲哀有時，而我們心志總是說：「上帝啊，照祢的意思，不要照我的意思」。

以神為樂

近來「快樂」好像成了人生重要指標,因此,且容我請問:你這個星期快樂嗎?什麼事情會讓你快樂?買到新手機嗎?工作升遷、事業順利嗎?上司、主任牧師或眾人都稱讚你、說你好,使你快樂嗎?主辦一場活動,目標人數一千五百人,卻有三千人搶著報名秒殺,會使你陶醉嗎?「禱告」以後蒙應允,快樂嗎?

容我再問下去,這些事會讓你快樂多久?一天、一星期、一個月?奧古斯丁說,快樂有三要素:第一,想要的東西,得

到了;第二,得到以後,它沒變質;第三,你也沒變心!他說得真好。

依據目前的觀察,台灣人要快樂還真的不太容易,看看學生補習應付考試的壓力、以及上班族工作的壓力就可以知道。前些年《天下雜誌》統計,31.7%的台灣人已經出現各類壓力症狀,這幾年台灣的痛苦指數升高,貧富差距越來越大,「廣泛型焦慮症」的比例恐怕更高了,我們怎麼能快樂起來?

我想,除了社會結構性因素之外,價值觀也是焦慮的重要原因。長期以來極度追求「成功」、「卓越」,以「績效表現」來衡量人的價值,比如說,以成績、薪水高低、衣服、汽車、手機或皮包的品牌、房子價格的作為身分標籤等等。「卓越」的副作用很大、要付的代價也高,甚至教會圈子也受影響。

基督教信仰理應使人更換了眼鏡,轉化了腦袋,可以把各樣事情想得更遠、想得更深。若您在一件事情上已經盡心盡力,在上帝面前存無虧的良心反省,實在沒有虧欠,真的盡心盡力了,那麼,就不存在「表現好不好」的問題了。也就是說,要懂得逃避成功的誘惑。

逃避成功的誘惑

馬太福音第十一章記載了許多人對耶穌傳道的反應，大體上說，就是「冷漠」。伯賽大、歌拉汛這些加利利城鎮，受外邦文化影響至深（其實是比較有國際觀），正統猶大人輕視他們，耶穌卻在他們中間行更多異能，甚至以迦百農為祂成年後的故鄉。然而，這些受到耶穌特別照料的地方，人們就是不悔改，以至基督責備他們─禍哉，這些城鎮，會比推羅、西頓受到更嚴厲的審判。話說回來，以耶穌這段時間傳福音的「績效」，在今日恐怕早就被某些教會解聘了哩！

路加福音將這段敘事與差遣七十個門徒去傳道的事件交織在一起，吩咐他們不要擔心生活所需的，不要隨意搬家，也事先告訴他們，他們傳福音時，有人會接受，也有人會拒絕。這批人回來很高興地報告，「主啊，因你的名，就是鬼也服了我們。」「我們這次的工場實習非常成功，可以得 A$^+$。」他們經驗到聖靈大能的運行。可是，耶穌說他們高興錯了，也高興得太晚了。「不要因鬼服了你們就歡喜」好像什麼不得了的大事，「要因你們的名記錄在天上歡喜。」怪哉！聚會時神蹟奇事發生，傳道人當場趕鬼醫病不是很好，又很受歡迎嗎？怎麼耶穌的反應不怎麼興奮？然而，聖經是這樣寫的，我們就得誠實、嚴肅

地面對經文的教訓。耶穌顯然有另一種成功的定義。

專注更高的喜樂

聖經接著記載了耶穌傳道之後的反應：就在那個時候，「那時」正是耶穌傳道事工非常不順利的時候，耶穌卻歡樂起來，說：「父啊！天地的主，我感謝你。」為何耶穌在在人生極不順利的時候，反倒歡樂起來，還敬拜讚美呢？千萬不要以耶穌的言行有時異於常人，就妄自論斷耶穌精神不正常。如果我們以外在環境的無災無病當作評估上帝的賞賜的依據，或是以事情進行的順利與否來斷定上帝的帶領，那麼，當在逆境中受苦，不僅得不著安慰，更會以為上帝不愛了。

經文描述原因是這樣：「因為你將這些事向聰明通達人就藏起來，向嬰孩就顯出來。父啊，是的，因為你的美意本是如此。」這些事是指福音信息，那些聰明通達的人，就如同當年的文士及法利賽人，知識的傲慢自以為已經掌握住最後真理的人，不願意接受也不願意改變自己的想法，上帝的道對他們是隱藏起來，以致於他們與上帝國無關無份。對於那些單純信靠的信仰嬰孩（嬰孩是指不說話、不成熟的人，因此比較受教，願意聽從而毫無懷疑的信靠的人），上帝就顯出祂的恩慈，因此，

他們就得到上帝拯救的恩典,這是上帝的旨意。耶穌不因為自己受挫折而沮喪,反而因為上帝的旨意成全而歡樂,這是耶穌敬拜讚美的原因。

在這裡,耶穌顯出一個與世人完全不同的生命樣式:單單以父的事為念,上帝的旨意成全了,就高興快樂。現在我們可以明白,為何聖經的教導是不論工作順利、不順利,即使落在百般試煉中,都要以為大喜樂。沒被人毀謗過,實在不知道被毀謗有多麼痛苦。然而耶穌卻說:你們就有福了。奇怪,被逼迫怎麼會是有福呢?

請不要懷疑,耶穌沒說錯。當然,被辱罵、受逼迫都是很不好的事,我們都不喜歡,心裡也不好受,不過,這些逼迫、患難至少證明了我們跟以前的先知一樣,都是上帝這一國的,想到我們是屬上帝的人,這樣的喜樂與盼望,要遠遠地超過受逼迫的苦楚,所以信徒在患難中仍然可以歡歡喜喜的,要為我們名字記在天上而喜樂。

回到信仰的起點

耶穌繼續說:「凡勞苦擔重擔的人可以到我這裡來,我就使你們得安息。」勞苦擔重擔的人,是那些以為自己可以賺取人

生的救恩而辛勤努力的人,他們勉強自己苦守律法的規條。結果,經驗到守律法是擔不起來的重擔、不可能承擔的軛。那怎麼得安息呢?馬太福音 11 章 28 節不能跟 11 章 27 節分開,得安息的方法,是認識到耶穌是誰:「一切所有的,都是我父交付我的;除了父,沒有人知道子;除了子和子所願意指示的,沒有人知道父。」也就是說,屬靈的知識不是看出身背景、社會階級或教育程度,而是上帝的恩賜。

基督徒信仰的核心叫作因信稱義,意思是說:一個人能夠得救,脫離罪惡的轄制,有永生的福氣,在天國裡有分,成為上帝國的子民,完完全全是上帝的恩典,都是上帝做的,都不是人自己做的。人有平安喜樂,是因為上帝的賞賜,不是自己能夠做什麼去換來的。基督教的道理說起來是很「侮辱」人的,跟「人本主義」背道而馳。基督教宣稱人無論作什麼,在上帝面前都沒有價值。人沒有能力取悅上帝。

既然一切都是上帝給的,都是上帝做的。那麼,人並不能做了什麼,來討好上帝而得到恩典;那麼,一個與上帝關係已經和好的人,也就不會因為少做什麼,而失去恩典。重點在於信,在於我們與上帝的關係。這是因信稱義的道理。既然一切都是出於上帝,連萬物都是因為上帝的愛而創造的,無論基督

徒處在什麼狀況之中，對於挫折甚至是災難的環境，無論變得怎樣惡劣，上帝仍然是我們喜樂的源頭，也只有上帝是我們喜樂的原因。所以環境順利也好，工作有成就也好，不順利、沒有成就感也罷，不會再影響我們對人生的態度、對自己的看法。這樣，上帝自己就是基督徒最終極的盼望，這叫作以神為樂。所以基督徒無論遇到什麼事，我們相信在上帝沒有意外，所以心裡篤定踏實，沒有什麼是上帝照顧不到的，因此能用樂觀的態度來面對苦難。上帝是不變的，是可靠的，這是基督徒樂觀的理由。因此，因信稱義的信仰，就必然帶來以神為樂的生活。

話說法蘭西斯（聖方濟）原來是富裕布匹商的兒子，但他放棄家庭與事業，過著行乞修道的生活。一日，與一同伴行乞，卻被辱罵，法蘭西斯微笑告別，但同伴原是個學者，嚥不下那口氣，想回頭去理論一番。法蘭西斯對他說：「弟兄啊，你現在應該很喜樂了吧？」同伴聽了極端不解，法蘭西斯又說了：「如果我們剛才不是被罵出來，而是被人用棍子趕出來，你應該更喜樂的吧？」（天啊，這是什麼話啊？）最後，法蘭西斯說了：「弟兄啊，如果我們剛才是被人用刀追殺，我們拼命跑才逃出來，現在，你應該快樂得像是在天堂了吧？」唉呀，這是怎麼

回事?這個同伴後來才瞭解,原來這些怒罵或其他不順遂的事情已經不會再影響法蘭西斯的心情了,他在追求一種更高的滿足,只有在基督裡才有的,可以稱作「神聖的無動於衷」。

我想,在基督裡,因為上帝的恩典,有一天,所有信徒都應／會長進成為這個樣子。

正是為了福音,所以計較那麼多

在基督徒圈子裡偶爾會聽到一種言論,說的人自詡是「靈巧像蛇」,但頗覺刺耳,若說這些話「似是而非」,恐怕還太輕估這些言論的後座力。

比方說吧,有個基督教機構在沒通知版權所有人的情況下,自行集結多家出版社的文章出售,幾年下來獲利頗豐。然而,這種行為終究紙包不住火,被某家受害者發現了,才承認未經告知而取用他人文章。另有受害者要求該機構道歉,也為了表示道歉的誠意,將那數百萬元「不法利益」拿出來賠償給眾家受害出版社。不料,受害者還沒找律師,該機構的法律顧問就先出面對受害者說:「為了傳福音,不要計較那麼多。」

我可以理解法律顧問有為雇用單位開脫的責任,然而,「為了傳福音,不要計較那麼多」這種言詞,從一位基督徒律師脫口而出時,真不知該如何評論她的法學與神學常識了。若是哪天這位律師上銀行辦理金融交易,發現銀行帳戶裡的數百萬存款不翼而飛,原來是銀行員在她不知情的情況下,逕自將所有款項捐給海外宣教機構了。她質問時,銀行員回覆:「為了傳福音,不要計較那麼多。」我不知這位律師會作何感想?

某個以基督教精神創辦的大學為了傳福音的緣故，開辦通識必修課程。立意良善，動機是好的，不少基督徒老師努力投入，也頗有好評。然而，實施的時候狀況很多，師資良莠不齊，也是事實。譬如說，有的教師將課堂當教堂，整學期上課都在講聖經多好、信耶穌多好，教導學生只要好好禱告，考試就會 All Pass。期末作業則是規定學生要參加教會的聚會。

有些人覺得這種藉機傳教的方式是可行的，「傳福音嘛，不要計較那麼多」，才會混淆了教師與牧師的身分。那麼，成效如何？的確有學生因此加入了教會，但更多學生的真實反映在網路都搜尋得到——他們反感的很，但為了能畢業，只能在私底下罵。讀者可以試想，若有基督徒學生在非基督教大學就讀，學校必修課中包括到佛堂打坐參禪，否則無法畢業。不知這些人作何感想？

另外，有些主內兄姐為了避免台灣陷入性解放之島而到處奔波，在各地區聯禱會中分享負擔，推動某些連署行動。我必須承認，這些兄姐真的很有熱心，然而，正如箴言所說的，有熱心而無知識，是不好的。

就以筆者曾經參加的一場牧者研習會中所親自見識到的狀況來說，議程中臨時插入一場「分享」，希望眾教會為了下一代的幸福要共同努力。這動機是好的。然而，來者所分享的內容，頻繁使用戰爭語言，以二分法化約成「他們」、「我們」，將政府推行的性平教育直接與「性解放」畫等號，都是在敗壞國家，那些支持性平教育者為「性別主流化」，而自己則是站在正義的一方，在推行「家庭主流化」，在挽救國家與下一代。結論就是發起「連署公投」，還當場播放影片示範如何填寫，或到超商去列印，竟還有人當場分發連署書！

我實在很想問這些熱心人士問題：你們所堅持的「家庭價值」，真的是「基督教價值」，還是儒家價值？再者，你到牧師的聯禱會「分享」，到底是以什麼身分做這件事？是代表你的教會、某個福音機構、某協會，還是某政黨呢？

基督教對於同婚不是只有二種立場，當下與國家前途、下一代的幸福相關的公投案也不少，這個聯盟成員為什麼不推動連署其他公投案，而僅是這一項呢？我實在找不出聖經根據。

基督徒要支持什麼黨、要入哪個黨都無妨，組織政黨也可以，端看個人在上帝面前的良心。要從事政黨政治動員也是每

個人的權利,都應予以尊重,但是,請不要隨意把威伯福斯抬出來,打著傳福音、事奉上帝的名義,以宣教之名,偷渡特定政黨或其附隨組織的政治議程,這是掛羊頭賣狗肉的行為,不是在傳福音,而是反福音,直接牴觸基督教價值。「偷渡」政治議程的結果,就把教會的主體性抹煞,使之墮化成某政黨的附隨組織了。教會就是教會,是聖潔的,就必須跟所有政黨保持批判的距離。如此,才有立場為上帝發出先知性的聲音。

關於福音信息的傳達,我以前研讀過的口語溝通理論有個說法:語言的內容占三成、非語言的部分占七成。另一說法是:語言內容本身占一成,表情口氣等肢體語言,二成,當下情境占七成。也就是說,「信息」的大部分是非語言的。這樣,基督徒行事為人,不能只求達成目的,更要講究一切過程的細節,都必須符合基督徒的誠信。「為了傳福音,不要計較那麼多」?不!作惡不能成就善,正是為了福音,所以才要計較那麼多。

回到聖經來看,同性性行為與偶像崇拜,或是貪心相比,哪一件比較重大呢?當基督徒對於社會上不同事件發出不同的聲音時,這樣的行動向社會大眾傳講了什麼樣的信息呢?見證了什麼樣的福音呢?

說到傳福音，最重要的還是教會自己，因教會本身就是其的信息！且讓我借用常常成為新聞媒體焦點的英國王室婚禮打個比方。教會，既然是基督的新婦，她的身分就不再根據自己原來的出身來歷，而是根據基督的地位。若說基督是君王，那麼教會就是王妃了。身為王妃，不只是服裝、儀態，該與誰交往，什麼時候應該在哪個場合出現，甚至是說話的用字遣詞，都必須合乎王室禮儀的規範，因為，她的身分獨特：她是王妃！

　　同理，基督徒以什麼動機、態度、如何參與社會議題，又是用多大的強度參與哪一類議題，不能與其他人相同，而必須用合乎自己身分的方式，以免羞辱了自己的主，虧缺了上帝的榮耀。因為他們言行所顯明出來的，是基督教的整體見證。這才是基督徒應該最關切的事。

　　正是為了福音的緣故，所以要計較那麼多。

正視有毒的信仰

曾有「毒雞蛋」流入市面而引起一陣熱議。有報導指出，雞蛋之所以有毒，起因於某些養雞業者為了去除雞蝨而在雞舍內噴灑除蟲藥，污染了飼料，蛋雞食用遭汙染的飼料，導致所產下的蛋藥物殘留過高，甚至有超標三十倍的。

除了雞蛋、食用油、蔬果的農藥殘留外，其實在我們日常生活中還有「毒空氣」，在每次呼吸之間，各種空氣污染物、PM2.5無孔不入，不知不覺之間我們身體內已累積多少毒素了呢？

同理，我們的思想是否也中毒了？基督徒對基督教信仰的理解，有否受到污染了呢？我想，每個基督徒從初信到如今，恐怕也避免不了，都累積了不少有毒的思想吧。

有毒的信仰

請您先花個幾分鐘來做個小測驗。以下有二十一道題目，請讀者們過目之後，按自己的真實狀況回答「是」或「否」。[1]

1. 你的家人已在抱怨你寧可參加教會的聚會，而不花時間陪他們？
2. 一個星期日未參加教會聚會，會使你有很深的罪惡感嗎？
3. 你是否感覺上帝一直看著你在做什麼，若你做得不夠，上帝就會轉臉不再祝福你？

---

[1] 以上測驗題目取自阿特柏恩（Stephen Arterburn）與費爾騰（Jack Felton）合著的 Toxic Faith: Experiencing Healing from Painful Spiritual Abuse 一書之附錄，筆者自譯。此書中文版由雅歌出版，書名《走出迷霧——信仰的創傷、醫治與復原》。
中文還有幾本相關書籍：大衛・強森、傑夫・范達倫，《屬靈誤用——在你信仰生命中會遇到的問題》（台北：中國主日學會，1996），以及王春安牧師的《小心教牧陷阱：教牧權力的正用與誤用》，（台北：橄欖，2013）。

4. 你是否經常告訴你的小孩應該做什麼,而沒有解釋你的理由,因為你知道你是對的?
5. 這幾年來你是否不太有時間休閒娛樂,因為你忙著參加教會會議與教會的其他小組?
6. 是否已有朋友跟你抱怨,說你在談話中使用太多聖經內容而很難與你溝通?
7. 你以金錢贊助一些事工的原因,是你相信:若你捐錢,上帝就會使你富裕?
8. 你是否曾經與神職人員發生過婚姻之外的性行為?
9. 若未先與你的牧師商量過,你很難做決定,即使是些小事情?
10. 你是否認為你的牧師比其他人都更有權威?
11. 你的信仰是否導致你過一種孤立的生活,讓你很難與家人朋友相處?
12. 你是否發現你自己會為一個長期的問題找你的牧師,尋求權宜之計?
13. 你是否會為了你犯的一個很小的錯誤或不恰當的行為而罪疚不已?
14. 相較於那些「比較軟弱的同伴」的信心,你堅固的信仰使你最重要的人際關係逐漸退化、惡化?

15. 你是否有過這樣的念頭：上帝要你自我了斷或消滅他人，以便去與祂同在？
16. 你是否一直相信，上帝在用一種可以聽見的聲音與你交談？
17. 你覺得上帝在生你的氣嗎？
18. 你是否相信，你還在因你小時候犯過的錯受罰？
19. 你是否覺得，若你能做得再好一點，上帝最後就會赦免你？
20. 是否有人告訴過你，你的牧師在操弄你的思想與情緒？
21. 若未徹底履行十一奉獻，你會有很深的罪惡感？

現在計算一下，每一個「是」得一分，請問您得了幾分？三～五？七～八？還是十分以上？根據原作者的設計，這份測驗其實就是基督徒信仰的「中毒指數」，「是」越多、分數越高的，代表信仰中毒越深。

中了什麼毒呢？是中了「律法主義傾向的威權之毒」！若以人對於基督福音的認識有偏差，尚未依靠恩典除去自身內心的恐懼，就極易陷入律法主義的深淵。誠如胡志偉牧師所說的，「……把基督信仰的整全與豐富，化約為一些支配的規條，要求該群體所有成員一致服從遵守。『靈性虐待』（spiritual abuse）

便是這些『帶有毒素的信仰』造成的後遺症,於是有部分信徒傷痕累累帶著疲憊心靈離開所屬的信仰群體。」[2]

華人文化土壤

華人讀者因文化情境的影響,做這份測驗時回答「是」的次數會稍微偏高,即便如此,我認為七個以上還是太高了。我曾在不同場合實驗過,五~六分的很普遍,七~八分大有人在,甚至還有十二~三分的。有趣的是,這幾位回答十三個「是」的受測者,對於自己的中毒狀況無感。

華人普遍流行「大家長」文化,幾乎將「家庭」意象套用在社會的每一種團體裡,上自國家、下至人民協會,團體的領導人自然是「大家長」。大家長們掌握一切權力而後「恩威並施」,其他人就得自動服從,按輩份長幼排排坐。於是,學校校長是該校的大家長,甚至民選縣市首長也成了大家長(父母官),筆

---

[2] 見香港教會更新運動官網,http://www.hkchurch.org/single-post/2017/09/08/%E6%9C%AC%E9%80%B1%E8%A9%95%E8%AB%96%EF%BC%9A%E8%BE%A8%E8%AD%98%E3%80%8C%E6%AC%8A%E5%8A%9B%E6%93%8D%E6%8E%A7%E3%80%8D%E8%88%87%E3%80%8CE9%9D%88%E6%80%A7%E8%99%90%E5%BE%85

者甚至聽到國立大學社會系的高材生衝口而出系主任是「我們的大家長」!

大家長制度其實是奴役人的威權統治。中華帝國數千年,早已建立了一整套君君臣臣父父子子的宰制系統,將整個社會納入,並透過教育、媒體來控制思想,鞏固這套以大家長為中心的社會體制。而一般人呢,又會因心理素質的關係,害怕負責而寧可成為巨嬰,把自己的決定權讓渡給大家長,使得即使被奴役,還是會從心裡謝主隆恩,感念「勤政愛民」形象的皇上們。想想看,在職場或家庭裡,有多少「我是為你好的」非聽從不可的「建議」。資深前輩的經驗是人生智慧的累積,資淺年少的,的確要珍惜;專業者的訓練與意見,更值得深思熟慮。然而,把人生歷練與社會地位掛了勾,體制化了的長幼有序倫理,是大家長制的變形,骨子裡都是宰制。

因此,華人即便信了耶穌,也聽過福音的道理,如:凡信耶穌的,都是上帝的兒女,已被基督釋放,不再作奴隸,就不應再害怕;並且基督徒並不分猶太人、希臘人,自主的、為奴的,或男或女,在基督耶穌裡都成為一等等信息,仍會將「大家長」形象投射在主任牧師身上。教會內每個人雖有角色上的差異,但地位是平等的,每個人都是弟兄姊妹,然而華人的大

家長文化土壤提供了自大型、自戀型、控制型等人格異常者有可趁之機，在教會內創造主任牧師、區牧、傳道、小組長等階層制度；階級越多，能操控的空間與能剝削的資源就越多。我想，信徒尊重牧師是好的，但不要過於聖經所記。今日華人教會得趕緊斬斷這從祖宗遺傳下來的深沉大罪。

福音解藥

信仰中毒沒有別的解藥，就是認識純正的十架福音、體悟恩典的真諦。基督徒信仰的精髓叫作「因信稱義」，意思是說：人能夠脫離罪惡的轄制，有永生的盼望，在天國裡有份，成為上帝國的子民，完完全全是上帝的恩典，都是上帝做成的。人有平安喜樂，是因為上帝賞賜的，不是自己能夠做什麼去換來的。然而，這就是真正的釋放與救贖！一個與上帝關係已經和好的人，不會因為少聚會幾次、少奉獻多少錢，而失去恩典。上帝沒那麼小氣。身為基督徒，對上帝的仁慈與恩典要有把握。

恩典療癒

對於誤入暗黑教會叢林的信徒們，《屬靈誤用》的作者大衛‧強森與傑夫‧范達倫的建議值得考慮。他們認為，歸根究底，最後只有二種可能的選擇：對抗或離開（Fight or Fly）。

一個人要對抗整個體制會非常辛苦，可能連原本的好朋友都會來責怪他「不順服」，而體制的主導者又往往以恐懼來操弄人的情緒，使得想以善勝惡、試圖導正扭曲的體制的人反倒有罪惡感。朋友們啊！不要怕獨立思考，對事情有不同看法是好事，即便與領導人的看法不同，也不是罪。

然而要脫離該體制的話，多年投入的情感與友誼又不易割捨，又要擔心那體制會崩解。筆者建議是不必擔心。上帝的教會，上帝自有安排。敗壞的體制若因缺少資源而消亡，在基督的身體之內也是正常的消長現象。況且生命自會找到出路，真誠的信徒、教會內的資源會流動到那些忠實活出恩典、見證福音之處，這反倒是好事。無論如何，戰或走都不是容易的決定。請記得該書作者的提醒：如果你被巴士撞到，能怎麼辦？這種情況下，我們什麼也不能做，就只是給自己時間，然後「等」，等傷勢復原。

基督是負傷的醫治者，祂為人受了傷，好讓人得醫治。恩典會療癒。

特殊宗教經驗之嚮往

若說現在是經驗當道的年代,應不為過,許多樂團擁有大量粉絲定期「朝聖」;3C 產品不只比規格效能,更要講究「使用者體驗」;宗教團體更是如此,許多特殊靈驗的故事在信眾間流傳,像是可立即「化解業力」、「即刻開悟」、「得釋放」等。

人們會追求特殊經驗有其社會文化的脈絡,尤其當社會快速變遷,都市化與工業化後,所導致的關係疏離與情感剝奪,生活必須不斷重新調適,因此,中下層上班族下班後得相約喝杯小酒,順便罵罵慣老闆不是人。紓壓之後,明天又是條能上班的好漢。從 KTV 的流行與基督教內敬拜讚美風潮同一個時間

興起,可見一般。當社會壓力與焦慮持續上升,小酒不足以舒壓,需要更強的刺激時,「第二攤文化」就出現了。在這樣情況下,許多傳統宗教團體會轉型成宗教體驗的提供者,說來也是社會變遷的產物。

然而,要深入探討宗教經驗是門大學問,得整合心理學、人類學、精神醫學、神學等學科,筆者自知沒這能耐,不過,某些信徒的「靈異經驗」,實在令人好奇。

中研院的社會變遷基本調查中,關於宗教經驗方面的研究,詢問報導人以下幾個問題:

1. 到似曾相似但沒到過的地方
2. 在夢中接收到遠方親人的訊息
3. 看(夢)見前世來生
4. 看到神顯靈
5. 看到鬼
6. 經驗到神明附體
7. 靈魂附身的經驗
8. 看到靈魂附身在別人身上

前三項稱作「神祕感知」，後五項是「遇著神、鬼、靈」的經驗。社會學的調查發現，這些特殊宗教經驗在台灣是相當顯著的社會現象：台灣民眾自稱見過神明顯靈或見過鬼的就占樣本的百分之十五，估計實際人數兩百五十萬人，而且是跨越各宗教（根據瞿海源教授的研究）。也就是說，「見到鬼神」在台灣似乎很普遍。

更有趣的是，同一份研究顯示，「高中職以上教育程度者，不論是見神或見鬼都顯著地少於高中職以下者。……大體上，高中職的教育有關鍵性的影響力。」這是怎麼回事？莫非高中職教育可以驅魔？還是這些學校場域充滿正能量，學生就讀後就終身聖光氣護身了？

有些靈異事件常發生在山上。台中大坑的「紅衣小女孩」故事，基本上是網路惡作劇，改編上大螢幕之後更是聲名大噪，而玉山地區似乎是「黃衣小飛俠」出沒之處，常常在孤獨的登山客精疲力盡卻又尋不到路時出現，為人指路，卻是斷崖。有個版本這樣說：

「我以前曾經爬山，後來隊友就開始精神有點恍惚，當大家在照顧他、問他的時候，他會冒出一句話說：『前面有牛肉麵

攤，我們要去吃牛肉麵。』甚至傳出女登山客跟著走，要黃衣小飛俠幫她拍照，但等對方把相機從臉上移開，這才發現他沒有臉、沒有身體，雨衣裡面是一片空洞。[1]」

醫學研究指出，登山者在山區，原本就容易因為疲倦、飢餓，使腦部因低血糖、缺氧及缺水，引起血流量下降而功能失調。這時如果合併孤獨感以及重大壓力，就可能會進一步誘發大腦不正常放電，而導致出現各種幻覺及錯覺。因此，看到「靈異事件」其實是在警告：這名登山客的身體已經處於極度危險的狀況，必須立刻休息、補充水分與營養，否則可能會成為下一則山中靈異事件的主角。那麼，許多宗教的先知或創辦人長期獨自於山上或樹下修行，禁食禱告，看到神蹟異象，像是天使在火焰中顯現，與登山者感覺到的幻覺與錯覺十分類似。[2] 這該如何解釋呢？

還有些鬼魔喜歡趁人熟睡時偷襲，壓得人喘不氣來。有位老兄的經驗是這樣的：

---

[1] 取自三立新聞網，http://www.setn.com/News.aspx?NewsID=295113。讀取日期：2017/11/10。

[2] 取自〈民報〉，王士豪，〈山中的靈異傳奇〉，http://www.peoplenews.tw/news/a1a4f5b2-2fdb-4b74-8216-087e3971acb7，讀取日期：2017/11/10。

「睡覺到半夜,夢境十分恐怖,一股莫名其妙的力量直逼全身,突然驚醒,卻發現自己胸口彷彿千斤重擔,想動卻動不了,想叫,也叫不出來。掙扎之餘,突然腦中閃過一個念頭:『糟了,鬼壓床。』於是心中呼喊:『觀世音菩薩,救我!』一會兒之後,可以使力了,胸口重擔也消失了。鬼突然離開了,果然觀世音菩薩顯靈了。」

有基督徒也遇到過:

「睡覺到半夜,夢境十分恐怖,一股莫名其妙的力量直逼全身,突然驚醒,卻發現自己胸口彷彿千斤重擔,想動卻動不了,想叫,也叫不出來。掙扎之餘,突然腦中閃過一個念頭:「糟了,鬼壓床。」於是心中禱告「主耶穌啊,求祢救我」。一會兒之後,可以使力了,胸口重擔也消失了。鬼突然離開了。感謝耶穌,讚美耶穌。[3]」

以上現象似乎在人類歷史上由來已久,古今台外有不少這類夜驚(night terror)的描述與畫像,受害者多為年輕女性,睡眠中被怪物或坐或跪,壓在受害者胸腹之間使其不能動彈。有

---

[3] 田野訪談資料,經過修飾。當被問及:「你怎麼知道那就是『鬼壓床』」時,報導人回答:「大家都這麼說。」

一份資料說，40% 美國人一生之中至少會經歷一次。

什麼鬼這麼愛捉弄人，而且特意找年輕女性下手？

在醫學上，「鬼壓床」時的那些症狀，稱作睡眠癱瘓（或睡眠麻痺 sleep paralysis）。人類的睡眠週期依序是由入睡期、淺睡期、熟睡期、深睡期，最後進入「快速動眼期」（做夢期）。在快速動眼期，身體和大腦的連結會暫時中斷。但是有些人卻突然復甦，大腦中樞神經來不及和身體重新連結，使人發生夢境與實現互相交錯。當事人因此感受到種種可怕情況，這階段會持續幾分鐘，待大腦與身體重新連結即可解除。

因此，台灣人的「鬼壓床」其實是一種文化症候群，因同樣情況，美國人會說「我被外星人綁架了！」這樣，同一種現象，至少有鬼壓床、外星人綁架、睡眠癱瘓症三種解釋，哪一種比較精確呢？

除此之外，神明，神而明之者，既然神威顯赫，似乎也喜愛與人打照面。因此，宗教團體中不乏感應、借竅、附身、充滿等特殊體驗，且有日漸增加的趨勢。若按一貫道的歷史觀，這是因「三期末劫」即將臨到，所有仙佛降世渡人，因而各處「飛鸞宣化」，神蹟奇事變多。神蹟事件在基督教內也不少，分

布卻很不平均，某些派別內很罕見，在某些教派內發生頻率卻極高，每週甚至每天都在經歷上帝的大能。

上帝既是創造的主宰，常以祂全能的命令托住萬有，因此，若上帝要讓地球自轉方向瞬間逆轉，使太陽從西邊出來，卻不發生地震海嘯，也就只需要一句話。然而，教會圈子裡發生率極不均勻的神蹟事件，諸如：趕鬼、釋放、異象、上帝親自跟我說……等，就耐人尋味了。

有些趕鬼是基於唯靈化約論，將一切身心疾患、人生困頓都歸究於鬼魔，而實施釋放醫治操作。這種的可歸類成「民俗臨床心理諮商」，因為這些操作儀式，對於相信的人正好有紓壓效果，有需要的人因此趨之若鶩。目前台灣廣泛型焦慮症盛行率超過30%，尋求民俗治療的更不乏其人，在此就不討論了。

然而，有些人不是吹牛欺騙，他們真的是看到鬼神、天使，真的親耳聽到媽祖、上帝對他們說話，這要怎麼解釋呢？這些報導當然有可能真的發生，但另一種情況也應列入考慮。

有一種身心疾病稱為思覺失調症（舊稱精神分裂），有不同類型與症狀，台灣確率診約0.5%，然而全世界的盛行率約1%（台灣的盛行率不詳，有人推測1%~1.6%之間）。因此，有學者

估計,有一半以上的思覺失調症患者並未就醫。同時,一位在精神科服務的專業人士說,醫院只能收治「可能治癒者」,未收治重症者。這些未收治的人在哪裡?「在社區裡!」他們在四處趴趴走啦!

假設某妄想型思覺失調症患者想加入一個社團(土風舞社、登山隊、股友社、圍棋社等),到公園與人下棋、跳土風舞,或參加登山健行賞鳥活動,動輒跟旁邊的同伴說:「跟你一起來的,一個黑臉、一個白臉的,一直在你旁邊,他們是誰?」這類的話,這個團體會如何回應此成員的「異常行為」?群體的回應又會造成什麼後續影響呢?可以想像他們會受這些團體的排擠,於是就流浪到另一個團體去了。

當試過一個又一個社團,最後,可能在宗教團體裡找到可容身之處,因為宗教團體多半慈悲為懷,對於異常行為者容忍度較高,同時,某些宗教團體因其教義的緣故,會將特定異常行為「神聖化」,比如說,「他天生陰陽眼,是被神明選中的」,或許也因此,宗教團體中精神異常者比例偏高。

這樣說來,一個有數千個成員的宗教團體,就可能有幾位成員常常在說:「媽祖跟我顯靈、天使跟我顯現、我看見天開

II. 健檢／特殊宗教經驗之嚮往

了……」。異常行為者若在社群內能獲得額外的地位，就會鼓勵了這類行為的出現，可能還會引發其他成員仿效。這種可能性不能排除。

歸根究底，當一個人在描述他的經驗時，就已經是在「解釋」他的經驗了。一個人會怎麼說／理解自己的經驗，是一整套知識建構的一部分，受到所屬信仰群體的影響非常強大。按照聖經的敘事，我們日常生活的食衣住行育樂之經驗，才是最重要的宗教經驗。聖經又說，一切的靈不可盡信，總要先察驗，還真是有道理。

教會‧病理‧學

教會的撒但妄想症候群

　　有朋友因患流感，在家自主隔離而未參加主日聚會，當日下午教會就有人來探訪，為她能得醫治禱告，讓人很感動。後來這位朋友因下樓梯不慎踩空，腳踝扭傷而無法參加聚會，教會的人聞訊又來探視與代禱，這一回，除了感動之外，心裡卻因禱告的內容起困惑：「奉耶穌的名吩咐使人腳扭傷的靈離開」。這位朋友心裡狐疑：「上一回禱告『奉耶穌的名吩咐使人感冒的靈離開』，我以為感冒除了病毒感染之外，還有感冒的靈，可是，這一次腳扭傷不就是我自己踩空了，難道還有『腳扭傷的靈』嗎？我都糊塗了。」

上述是筆者親耳所聞,卻非特例。近年來這一類型的「釋放醫治」似乎已成為教會界的顯學,不只大型的特會動輒吸引成千上萬人,許多教會的聚會、甚至信徒日常互動中,經常也在實施「釋放事奉」,至於所釋放的,是所謂的污鬼或邪靈,大部分是聖經從未曾提及的如:謊言的靈、宗教的靈、抗拒的靈、瞌睡的靈、淫亂的靈、苦毒的靈、以及感冒的靈、腳扭傷的靈、心臟病的鬼等等。這一類「釋放」的施行,預設了上帝與魔鬼間永恆鬥爭的想像,而人類世界則是充滿了不可見的精靈鬼怪邪惡勢力,只要稍有不慎,邪靈大軍便會長驅直入控制人的內心,人的各種犯罪舉止、甚至是身體疾病便由此而生。若是將人從鬼魔壓制之下「釋放」出來,人的行為就可以立即改變,即所謂的「得醫治」。提倡這類釋放者宣稱當今教會的問題在於鬼魔的壓制,必須徹底施行釋放,教會即可增長復興。因此,可以稱呼這類作法為「打擊魔鬼宣教學」。

對於鬼魔或天使這一類非物質性活物的存在與否,應該按照「聖經實在論」(biblical realism)來分辨。聖經實在論有二方面的含意,首先是在聖經立場方面:第一,凡聖經所確認為存在者,存在;聖經所確認為不存在者,不存在。第二,凡聖經反對者,反對之;凡聖經贊同者,贊同之。第三,聖經未

明言者，宜先持保留態度，再仔細察驗（這個清單可以繼續列下去）。在聖經詮釋方面，教會必須不斷地回到聖經文本，尋求經文的意義，以確定聖經的立場。那麼，由聖經實在論觀之，聖經的確提及鬼魔的存在，記載耶穌多次趕鬼，也警告基督徒要抵擋魔鬼（雅 4:7；彼前 5:9）。然而，「打擊魔鬼宣教學」試圖在一切邪惡中找尋鬼魔，甚至把人類的各種內心狀況，如憤怒、嫉妒、驕傲、律法主義思想等，都解釋為實存性的鬼魔的說法，是一種基於泛靈式世界觀的唯靈化約（animistic spiritualistic reductionism）。[1] 這種說法既忽視了人生的物質面向，也抹煞了人的道德責任，其實是直接抵觸聖經的。然而，所謂「驕傲」「嫉妒」這一類的鬼既不存在，教會中卻流傳許多「得釋放」的見證，是怎麼回事呢？

宗教經驗的詮釋是一個十分棘手的議題。筆者同意 Hexham and Poewe 的發現，當人遭遇被視為超自然的神聖對遇經驗（primal experiences，「原初經驗」）時，會驅使當事者尋索宗教性的解釋，之後，當事者對原初經驗的解讀會成為「個人性的神話」（individual myths），這些人開始以他們對原初經驗當時的理

---

[1] 羅傑巴弗，《諮商輔導與鬼附》（台北：華神，2006），頁 64。

解、來解讀往後的人生的意義,也就是說,某宗教教義解釋了原初經驗,而之後的經驗又倒過來印證了該教義的可信度,長此以往,這個「教義－經驗」相互印證、相互強化的螺旋會不斷發展下去。[2] 所以最初的詮釋關係重大,這是新世界觀形成的基石。另外,必須考量詮釋權在宗教團體中的分配與運作:誰有權來解釋眼前的現象?這個人的解釋能受公評嗎?更重要的,別人是否有權力與機會提出不同的解釋?關於教會的話語詮釋權如何分配與運作,這又牽涉到行政裁量權,涉及整個教會的權力結構。也就是說,宗教經驗的理解事實上涉及信仰群體中一套意識型態的灌輸過程。[3]

假設某個教會群體中,「打擊魔鬼宣教學」以及某種特定的釋放模式是所有人的共識,牧師(講員)對於如何處理求治者有豐富經驗,而會眾視講員為權威的第三者,傾向於毫無懷疑地接受該講員所傳講的一切。這樣氛圍之下,當某人顯出某種特定行為,而講員當眾公開宣稱:「XX 被邪靈附身了!」這樣的宣稱可以視為儀式語言(ritual speech),不是在描述現象,而

---

[2] 參 Irving Hexham and Karla Poewe, *New Religions as Global Cultures: Making the Human Sacred.* Boulder, CO: Westview Press, 1997. pp.59-123.

[3] 陳胤安,《在經驗與意義之間與上帝相遇:談臺灣靈恩宗教意識形態的形塑》,台灣大學碩士論文,July 2010,頁 151-157。

是在詮釋現象、賦予意義，在跟隨者心裡必會產生巨大共鳴與迴響，因為跟隨者相信領袖的宣稱，也以相同的解釋模型來理解眼前的現象。該團體之後必會採取「釋放」行動，被認定為鬼附者因此就「得釋放了」，眾人看見此現象，就更強化了當初的信念。從心因性因素來看，既然趕鬼的牧師與在場眾人有共同的期待，那麼，若內心有特殊需求的人有意識或無意識的採取某些動作（例如嘔吐、打嗝、倒下等），期待能「被釋放」，而得到領導人的認可，並提升在群體中的地位，說起來也是人之常情。有學者指出，語言不只能描述經驗，在相信者當中還能產生經驗。[4] 因此，這些聖經中不存在的鬼是在這些相信的人說話的時候創造出來的。話說回來，當有信仰群體混淆了「鬼附」這詞彙的觀念，而又輕率地使用這個詞彙時，就已經是在營造一種基督教版的文化症候群（culture-bound syndrome）──集體性撒但妄想（mass delusion of Satan）的氣氛了。

4　譚昌國，〈靈恩醫療與地方性基督教：以一個台灣南島民族聚落為例的研究〉，收於 Pamela Stewart, Andrew Strathern 與葉春榮主編，《宗教與儀式變遷》（台北：聯經，2010），頁 250。以奧斯丁（J. L. Austin）的語言行動理論來說，語言不只能表意（illocution），更能行意（perlocution）。參蕭保羅，《神學的視野：建構福音派神學方法論》（台北：校園出版社，2007）。頁 167-174。

如今之計，主內肢體需要相互提醒、互相幫助，為免無意中犯下「挾聖經以令天下」之罪，作先知講道時，需要求聽者不但不可一味地順服，反倒要慎思明辨（參林前 14:29），畢竟上帝的話不是單從講員出來的。另外，每個人都需要審慎地檢驗自己信仰的原初經驗，不斷地自問幾個根本的問題：「我為何會以如此方式理解我的宗教經驗？我的詮釋經得起嚴格的檢驗嗎？有足夠的聖經經文與實證資料來支持我的看法嗎？我所引用的證據，證據力足夠嗎？」長此以往，我們或許對事物的真相能有較為精確的看法。

你所說的,你明白嗎?

基督教是「一本書」的信仰群體,強調聖經此單一經典是上帝的話,是教會信仰的權威以及生活的準繩與指引,需要用心研究、閱讀、背誦與遵行,因此,查經成為信徒訓練重要的部分,聚會也以講道為中心與焦點。在這樣的氛圍之下,許多信徒言必稱聖經,言談之間若不引用一、二節聖經經文,似乎就論據不足、缺乏說服力。除此以外,基督教也是個非常重視言說的群體,傳教時是重視言說,所以發展了一套又一套的教材,教導信徒如何傳講基督的救恩故事。其次,舉凡日常生活互動中,諸如輔導協談、彼此勸勉,也不免需要言說,尤其是言說聖經。在教會的言說當中,最讓筆者好奇的現象之一,是

許多聖經詞彙成了流行的術語,諸如:屬靈、宣告、聖靈的能力、愛、合一、破口、捆綁與釋放、爭戰、得勝等等。本文想要檢驗的,是這些術語的使用方式及其後續影響。

關於以「爭戰、得勝、贏得」等軍事語言來描述基督教的公共身分與文化宣教所引致的破壞性影響,已有不少教內先進提出警告,在此不再贅述。[1] 這裡先討論「屬靈」一詞。在基督教圈子裡,往往可以聽見類似以下的對話:「我們要認真追求屬靈的生命」、「要過屬靈的生活」、「這東西不屬靈」、「你這樣做比較不屬靈,那樣做才比較屬靈」云云。「屬靈」這字眼在口語中似乎被用來當作衡量基督徒行為是否合乎道德的準則或是在教會中身分高低的量尺,然而,「屬靈的」(spiritual)這個聖經詞彙在不同上下文中有極為豐富的含意,有時指稱「屬於聖靈的」(of the Holy Spirit),強調聖靈主動性的恩典作為,譬如:「屬靈的恩賜」;有時用來指某種特定觀念是否「合乎基督教的信念與價值觀」,因為由「聖靈所啟示的」福音不同於人世間各種哲學潮流或傳統,這些思想潮流乃「屬肉體的」,也就是世俗的、不正確的、與福音不相合的觀念,所以教會必須「以屬靈

---

[1] 參考約翰衛比治,〈文化之戰——戰爭用語對教會聖工的破壞〉,《校園》月刊 vol: 40 issue: 2(1998/03),第4頁以下。

的話解釋屬靈的事」。若認真查考聖經的不同用法之後，應該可以發現「屬靈的」這個詞彙至少如許多聖經神學辭典列出的，在不同上下文指涉六、七種不同觀念，而且聖經作者很小心地區別這些差異，精確地使用這個詞彙。

另一個常聽見的詞彙是「釋放」。牛馬卸下服勞役的軛、苦力不必再服強制性的勞役是得釋放；一個受刑人刑滿出獄或假釋，脫離監禁的狀態而得自由也可用「得釋放」來描述；債權人放棄求償權利，使債務人從法律的償債義務中脫離也是得釋放的一種。所以，釋放的意義是指將某人（或牛馬）從某一種政治的、法律的、社會的、生理的、或物理性的束縛中脫離、解除了某一種被奴役的狀態。聖經作者引伸這個詞彙的意義來描述救恩，謂之「從罪中得釋放」，是以隱喻的手法，將罪描繪成挑不起的重擔或掙脫不開的網羅（物理性的）、壓制的權勢（政治性的）、或無力償還的龐大債務（法律性的）。也就是說，這些用法隱含一種「信仰的類比」，用日常生活中的事物與經驗指涉人與上帝之間的關係。

然而，「捆綁與釋放」連用時，在新約時代卻是個慣用的片語，當年猶太拉比們用此片語來表達人的律法的義務：凡律法禁止的，是謂捆綁，而律法准許的，是謂釋放。因此當彼得認

出耶穌是永生上帝的兒子之後,耶穌「捆綁與釋放」的談論應該在這樣的脈絡下理解(太十六章),意味著教會受命從事福音宣講時,他們所做的決定具有天國的法律效力,教會按福音所接納的信徒,天上就承認;教會按福音所拒絕的,天上也拒絕;教會好比是耶穌在世間的全權代表,凡教會依授權範圍所簽字的文件,文件所有人就得持這份文件在天國的海關通關進入天國。「捆綁與釋放」在馬太福音十八章再次出現,也是同樣的脈絡。當教會按福音執行懲戒時,是具備天國效力的,若教會重新接納了悔改的會員,基督也接納;當教會放棄了不悔改的犯罪會友,把他當作外人時,這樣的人失去了天國裡的身分。律法是上帝旨意的陳述,律法所允許或禁止,亦即上帝所喜悅或厭惡的。基督是律法的主,在彌賽亞的新時代裡,教會竟被授權掌管天國門戶,能按福音使人得以進入天國,這是何等的榮耀!

不幸的是,「捆綁與釋放」這組詞彙在某些基督教場合中使用,卻指涉完全不同的觀念,「捆綁」是指人被魔鬼侵犯,甚至是完全控制,此種狀態下,人成了魔鬼的囚犯或俘虜人質,完全不能自主,謂之「鬼附」,而「釋放」則是指將人從魔鬼的俘虜中搶救出來,也就是「趕鬼」。在這一類論述中,以「侵入」、

「人身是鬼的屋子」、「進到裡面」、「鑽進來」等等詞彙來描述鬼魔對人的侵犯，同樣的，也以「出來」、「走了」來說明鬼魔對人影響的解除。也就是說，以空間概念理解鬼魔的存在與對人的影響，這類空間化的語言本質上具有豐富的想像空間，一般大眾易於明白。人類所在的宇宙是由三度空間、一度時間所複合而成的四度時空連續體，我們的語言是從這個時空環境裡的生活經驗發展出來的，因此，時間與空間概念對於我們瞭解宇宙的本質不可或缺。然而，按照聖經所描述的，鬼魔既無血肉之軀，非屬四度時空宇宙內的活物，那麼，人類的時、空概念自然不適用於鬼魔，所以，一切以時間或空間概念語言所描述鬼魔之活動與影響時，應理解為隱喻性的，不應視為終極真相。

筆者同意每一個語言符號的使用者，都有權、也應該重新定義詞彙，甚至自創新詞，尤其基督徒還處在天國的這一邊時，更需要將借用來的（世俗）語言詞彙的意義轉化，使這些語言詞彙能為福音服務。從新約聖經的用語如「道」（logos）、奧祕（mystery）、教會（ecclesia）等等可以發現，使徒們在聖化這些詞彙方面作了極佳示範。「精確」是使用詞彙這一種語言符號時的要點，然而，上文所舉的例子裡，當代許多台灣基督

徒不求精確，含混著使用這些借自聖經的詞彙。使用聖經詞彙不精確會產生什麼影響呢？

首先，這些新用法忽略了符號的意義之多層性。語言詞彙與其他類象徵符號相似，其意義是多重的，在不同的情境中表達不同意義，例如在聖經中，「鴿子」曾用來表達馴良，也曾用來表示愚蠢，在耶穌受洗時則是聖靈的象徵。三者之意義完全不同，端視上下文而定。吾人應不至於誤會降在耶穌身上的鴿子，表示耶穌受洗之後變得愚蠢了，所以自此之後一心一意想上十字架自尋死路。「十字架」原是指二塊木頭交叉成的架子，這是最表面的意義。因羅馬人曾以此木架作死刑工具，因而十字架在羅馬時代象徵悲慘的死亡；因耶穌在十字架上受難成全贖罪，十字架在基督教裡不只是苦難的代名詞，還可以用來指涉耶穌的救恩，甚至是將來復活的盼望。隨著基督教的發展，歷史上某些時刻十字架甚至成了基督教帝國的政治圖騰。只要試想一下中東的回教徒聽到「十字架」時會如何理解，當能明白符號的多重含意。那麼，當台灣的基督徒提到「十字架」時，到底是指木架子、死刑、受難、救贖、復活的榮耀、帝國哪一種意義？在一般情況下，用字不精準所導致的觀念混淆，會影響人際溝通。這種情況每天都在發生，日常生活中人們通常也

會再互相確認,所以其實不算嚴重。然而,當所混淆的是從聖經借用的詞彙,在一個推崇聖經權威的群體中,後果就相當嚴重。因為言說者自認為是在「引用」聖經陳述教義,卻不自覺其借用方式事實上已將聖經所無的意義偷渡到經文中,這不是解釋經文(exegesis),而是霸凌聖經(eisgesis)。如果言說者在該信仰群體中的被視為「權威的他者」,掌握了不容質疑的話語權的話,問題就更嚴重了。

再者,忽略了這些詞彙使用的隱喻性質,等同阻塞了信仰類比的想像空間。試想一下,我們如何能描述一個這個世界不存在、經驗之外的奧祕事物?人又怎麼能夠談論超越者上帝?教會歷史中的前輩們發明了許多類比法,如否定法:陳述「上帝不是⋯⋯」;肯定法:直接陳述「上帝是光、上帝是愛」等等;以及超卓法,如「人間仁慈的君王,但上帝比所有人類君王更仁慈」云云。神學家也想出以似非而是的弔詭(paradox),如「上帝既是超越的,同時又是臨在的」來談論上帝。當意識到上帝的超越性,信仰的陳述成了不可能的任務,在這樣的觀點之下,神學是不可言說的言說。當直述語言不適切、只能間接陳述,而又保留「是」與「非」之張力,同時還必須避免把人類的宗教語言絕對化,誤以為人可以透徹地談論上帝,犯了「語言

的偶像崇拜」之罪,然而隱喻語言(metaphoric language)提供了神學的可能性。聖經本身其實充滿了各類比喻性的語言,例如:上帝是磐石、上帝是盾牌、上帝的手、上帝的眼目等等,何以如此?看看啟示錄的作者如何描述「天上的事」或「新天新地」的榮耀,就可以知道其困境:什麼樣的金子純淨到一個地步,會是透明的?人世間不存在這種金子。從人類的生活經驗來說,金子不會是透明的,透明的就不是金子。聖經作者使用了相互抵觸的說法,無非是要指引讀者去想像一個超越的實體。當聖經說「上帝是磐石」,便能讓讀者明白上帝是人生的穩固根基,也同時都明白上帝並不真的是一塊大石頭。所以,隱喻能創造指向性的想像空間。當把所有隱喻放在一起看,便能激發讀者創造出一個合乎聖經的想像,在還未面對面見到上帝時,意會到上帝與人之間的真相。信仰的類比的建立必須借助隱喻語言的力量。

混淆聖經的詞彙與觀念還可能導致更嚴重的後果——在聽者心思裡創造了一個虛幻的宗教世界。怎麼說呢?這要從語言的建構功能談起。

在一般觀念裡,語言的功能是指示性的,用來表達意義觀念。用符號學的說法,語言本身是符號——能指(the

signifier），猶如指向月亮的手指頭，指向另一個實體——月亮（所指，the signified，即意義）。語言的確具備指示性功能，然而，語言若僅僅具備指示性功能的話，吾人如何言說、詞彙混淆並無大礙，只要意義正確即可（無論是用手指、筆、還是木棒指向月亮，結果都一樣）。然而，語言不僅僅具備指示性功能，還具有建構性功能，也就是說，語言不只是在表達意義，說話時同時創造了意義。以奧斯丁（J. L. Austin）的語言行動理論來說，語言不只能表意（illocution），更能行意（perlocution）。所以，不可以在擁擠的戲院裡惡作劇地喊「失火」。[2] 已有不少人類學者對宗教團體進行研究，越來越肯定語言的建構性功能：語言不只能描述經驗，在相信者當中語言還能產生經驗。[3] 舉例來說，在某一特定類型宗教集會中，當泛靈論式信仰以及某種特定的驅魔模式是講員與會眾的共識，講員對於自己所教導的內容極有自信，對於如何處理求治者也經驗豐富，而會眾

---

[2] 參蕭保羅，《神學的視野：建構福音派神學方法論》（台北：校園，2007），頁 167-174。

[3] Peter Stromberg, *Language and Self-Transformation: A Study of the Christian Conversion Narrative*, Cambridge University Press, 2008(1992). 譚昌國，〈靈恩醫療與地方性基督教：以一個台灣南島民族聚落為例的研究〉，收於 Pamela Stewart, Andrew Strathern 與葉春榮主編，《宗教與儀式變遷》（台北：聯經，2010），頁 250。

視講員為「神人」,是權威的第三者,傾向於毫無懷疑地接受該講員所宣稱的一切。這樣氛圍之下,當某人出現一些特定行為,而講員就當眾宣稱:「XX 被鬼附了!」這樣的宣稱不是在描述現象,而是在定義現象,賦予了該特定言行舉止一個特殊的意義,也就是說,「鬼附」這一項意義(the signified)是講員的語言(the signifier)創造出來的。至於該項意義與真相(significance)是否相符,則是另外一個議題了。從社會心理的角度來看,講者與信眾有共同的世界觀,傾向於「印證」講者的宣稱。如此,該群體的後續行為就更會證實了講員所宣稱的「鬼附」為真,因而強化了在場所有人的信心,長此以往,一個教義詮釋經驗、之後的經驗又倒過來印證了該教義的可信度的「教義-經驗相互印證」(reciprocal illustration)的建構性循環發展出來,一個想像的宗教世界就在信眾心中形成。[4]

行文至此,筆者不禁要反問:「我們不是常常說錯話嗎?難道使用聖經詞彙不夠謹慎,後果就會這麼嚴重嗎?」希望不會。然而,擺在眼前的事實是:由於聖經語言在基督教圈子裡的獨

---

[4] 關於 reciprocal illustration, 請參考 Irving Hexham and Karla Poewe, *New Religions as Global Cultures: Making the Human Sacred.* Boulder, CO: Westview Press, 1997. pp.59-123。

特性，它對基督徒的影響力實難以想像。筆者竊想，若非上帝恩典保守，恐怕吾人都早已墮入虛幻的宗教世界、成天自我感覺良好而不自知。何況吾人必須誠實面對一個殘酷的真相：「我們現在所知道的有限。」吾人對於自己所說的，恐怕所知有限。然而，上帝的恩典不應成為懶惰的藉口，吾人需要學習用語精確，仔細區分詞彙與觀念，尤其是借用聖經語言的時候，也應常常問自己這個問題：「你所說的，你明白嗎？」

權力飢渴症

前幾年台灣引進了「攻占七大山頭」的聖戰式宣教新作法,目標很遠大,提倡基督徒要在媒體、政府、教育、經濟、娛樂(藝術)、宗教(文化)、家庭等七個領域/結構裡占有領導地位,這樣社會才能轉化。這些觀念透過特會、聯禱會的組織動員與教內媒體的放送,吸引了不少跟隨者,即便是不同教派的教會牧師亦無力分辨,也嚮往這一套策略。

攻占宗教山頭的策略之一是「繞境禱告」。以前基督教沒有遶境活動,台灣民間信仰的神明才遶境,定期出巡到統治領域宣揚神威。二十多年前有人以聖經古代以色列人攻打耶利哥、

而非攻打艾城的經文，主張繞著城市邊走邊禱告，是謂「行軍」，即可使福音廣傳。剛開始是繞著廟宇「行軍」，前幾年更有郵輪繞台灣，某主辦單位號召一千五百人，用三天二夜來繞台灣一圈，「完成台灣陸、海、空的潔淨禱告」。

二十多年來，不少教會施行繞境，有實際效果嗎？根據中研院社會變遷基本調查的數據，台灣基督徒占總人口比例長年一直在 4% 左右！這樣能算有成長嗎？

攻占政治山頭

攻占政府山頭是現在的顯學，有些人積極推動基督徒參政，組成聯盟競選村里長、立委，要攻占政府，更有基督徒組織了號稱是「基督教政黨」參選立委，透過教會系統動員，將宣傳品直接寄到各教會，不只週報刊登、禱告會代禱，甚至牧師講道時為該黨背書，該黨的競選布條直接掛在教會門口，甚至教會的「福音」車四處宣傳拉票。

也有某宣教機構舉行「感恩禮拜與餐會」，邀請了數百人參加。結果，宣教議題的異象分享每一講次 5 分鐘，另外安排二位某政黨的候選人「作見證」，一人 15 分鐘。第一個候選人講

「大家把票投給我,讓我進國會為主／大家服務。」之後主持人竟然加碼:「我從沒搭過遊艇,大家把票投下去,我們分批去搭遊艇。好不好?」在場竟有不少人喊「阿們!」

若基督徒擔任里長、立委,國家就會轉化了。這樣的話,若由基督徒擔任總統、行政首長,豈不更徹底轉化?然而,連十六世紀的馬丁路德都說過,寧可要一位會治國的土耳其人,而不要不會治國的基督徒擔任國王。看看教會與基督教機構吧,所有成員不都是基督徒嗎?決策時按照「教會內政治」而行,有比非基督教機構更善良、更光明嗎?好像也不一定。

攻占政治山頭的提倡者顯然極富熱情。有熱情是好的,但還需要知識。正如箴言 19 章 2 節所說的,「It is not good to have zeal without knowledge.」即使有善良的動機,行出來的不一定是善。有道是:通往地獄的路,是以善意鋪成的。

上述種種攻占政治山頭手法,不只踰越了教會與政黨的份際,實際上,是將教會變成了該政黨的附隨組織了。我有時想不通,若要說基督徒參政能使國家轉化,明明其他政黨也有不少基督徒,怎麼就不支持了?所以,關鍵不是「基督徒」在政府裡有影響力,而是「那些」人能否佔據領導職務。

這種先掌握權力，即使不擇手段也在所不惜，還蠻「馬基維利」的；然後透過國家系統來實施基督教價值的作法。這其實不是在傳福音，而是想要建立神權政治制度。

掌權者的誘惑

根據尤達的觀念，這種作法其實是一種「撒都該人的誘惑」，因為這作法假設了歷史方向掌握在政經領袖的手上，而不是在上帝手上。因此，「基督徒若要對社會的更新有所貢獻，他們就必須和其他人一樣（事實上，必須跟其他人競爭）設法讓自己成為國家和經濟的主人，以便運用那種權力來達成他們認為必須達成的目標。[1]」

Franklin H. Littell 在 1960 年代評論美國教會一廂情願的作法，在 21 世紀的台灣竟然毫無違和感：「教會裡的政客往往想借助國家的法律來達成他們想要求他們的會友做，卻不能如願的事。他們以為這是明智而必須之舉。……然而，新教的這種作法缺少了真正有紀律的見證，這種反其道而行的作法終究自取其辱：以致教會至今還無法在大眾心目中恢復地位。[2]」

1　尤達，《耶穌政治》（香港：信生，1990），頁 161。
2　同上，169 頁。

那麼。權力是什麼呢?權力,權力,問世間權力是何物,直叫人生死相隨啊!為什麼大家這麼喜歡權力?有人說權力是最強力的迷幻藥,春藥,有了權力以後,名聲,金錢,性都會跟著來了。那如果它這麼壞,不如廢了,但好像又做不到。也有人問:「權力是必要之惡嗎?」這又是另一個問題。

權力的施行

有學者提出權力的三種類型,可以幫助我們思考。第一種權力的想像,叫作凌駕之上的權力。群體中一個人或一群人擁有權力,讓他們的地位可以凌駕在其他人之上,因而可以指揮、控制,或下命令等等。這個我們非常熟悉,比如:軍隊有軍中倫理,班長被賦予一個權力凌駕在所有士兵之上,可以命令士兵做體操,跑操場等等。這種權力觀容易發生宰制暴力與控制。第二種,被稱為內蘊於己的權力。權力被想像成可以讓人擁有的某種特質、資格或能量;某一些人認為不讓他凌駕之上,或是去凌駕別人,如:他擁有某一種特質,權力是賦予給這個人或這群人的某一種特質,因此就跟隨他了。所以無論此人華麗的轉身,或是任何情況底下,他仍是擁有權力。這樣,擁有權力的人成為天選的特殊階級,就是跟一般人不一樣,他就是王室、貴族,其他人就是平民百姓。第三種類型被稱為,

「群體內分享的權力」。那個權力不是個東西，而是在那個群體所有人共享，在一種特殊的互動當中產生的。

所以，掌權者可以發命令，還可以設定議題：什麼是可以講的？不可以講的？有質疑的也不能提出來，因為議題已經被設定了。反對的聲音就會被壓抑，不被聽見，不被看見。有權力的人可以掌握媒體，宣傳機器。他可以設定議題，可以設定哪些事情曝光或不要曝光，然後講誰好講誰不好等等，使得原有的衝突大家都不會注意到。因此，制定制度以後又設定議題，久而久之透過教育和媒體宣傳，可以把有權力的人的想法，對他有益處的意識形態，讓群體內化成共識與默契，覺得理所當然，形成一種模式。此時，被壓榨的被逼迫的，被主管剝削的，反倒覺得，「是我不對，是我惹他生氣的」，這是很可怕的。所有的聲音不被聽見，即便是正確的聲音，也都變成異端邪說。教會裡面也是有這些問題。

回到教會現場，所謂教牧的「權力」，不是讓這個人凌駕於會眾之上，也不是有一個東西內蘊於牧師裡面賦予他，而是整個群體，整個群體以特定的方式在互動。如果哪一個人或哪一群人以為自己擁有凌駕於其他人之上的權力，或者認為自己有內蘊己身的某種魅力，那就陷入險境，因為他把自己變成一個

特權階級。若長期在那個群體裡面,有一種特殊的特權,那很危險。所謂的「恩膏」(克里斯瑪,charisma),其實是領導者以特殊方式展現自己,符合跟隨者的期待,使跟隨者樂意配合,於是,跟隨者與領袖一搭一唱的結果,那個人就被大家拱出來了。也就是說,權力就是我們與人的互動模式,若我們用傷害另一個人的方式,來滿足自己某種想像,那真的是邪惡。

這樣說來,所謂的攻占政治山頭,其實是有些基督教的團體想要在社會上搶奪話語權,那是一個更高的象徵的權力:「我說了算!」有一群人想要在凌駕於社會大眾之上,我個人認為是很危險的。電影〈魔戒〉裡的情節,那些想以魔戒之力摧毀魔王的影響力的,每當有人想要取得魔戒而凌駕於別人之上時,就會先被魔王宰制。在電影裡,只有那一把王者之劍能使魔王索倫畏懼,然而王者之劍的合法繼承人亞拉岡卻寧可當個遊俠到處流浪,也不願意碰這把劍,因為他心底在吶喊:「我身上流著失敗者的血液,我有同樣的軟弱。」是的,記得自己的過去,才能知道自己現在是誰;也唯有面對權力懂得戒慎恐懼的,才能賦予他權力。就是這樣的一位亞拉岡,才能握著王者之劍,號令一群曾失信的幽靈兵團、打敗魔王的大軍。這故事實在是適時的提醒。

因此,每個人都需深刻地覺醒:「我」是個罪人、「我」亟需被監督,並且服在一個問責機制之下,按照正當程序行事。問責制度是權力之劍的「劍柄」。否則,一旦賦予權力的那一刻,人就開始敗壞了。基督徒不能以為可對此自動免疫,以致於作惡,卻仍自以為在行善。

那麼,教會有什麼權力?按照聖經的話,那就是「捆綁」跟「釋放」。不是在抓魔鬼或做些類似的事,是按照耶穌基督的福音好好去傳講的,使人脫離罪惡轄制,使人從罪惡裡面得釋放。捆綁與釋放這個片語,律法有限制的叫作捆綁,律法所准許的就是釋放。也就是說,按照基督的福音所說的去做,使人要嘛在基督的國裡,要嘛在基督的國以外。照著保羅的話,教會的權柄就是我們可以讓人不花錢就得著福音的好處。這是上帝賦予教會的權柄。所以,這是我們跟人互動的方式,讓人不花錢可以得好處,所以叫施恩典。讓我們明明白白把基督徒價值觀講出來,提出論述讓人聽得懂。再來,我們要愛人如己,成為好撒馬利亞人,讓整個社會潛移默化去感受。用這樣的方式與社會大眾互動贏得尊敬,讓人願意來思考,然後願意來跟隨耶穌。

馬可福音十章45節記載,當門徒對權力有羅馬式的想像,相爭誰為大時,耶穌給他們一篇特殊的教育:「你們知道外邦的君王……」他們在宰制,在轄制,也就是那些外邦君王模式,那些人有凌駕於其他人之上的權力,他們掌握了資源,可以調度文化整個行動機器,然後就可以宰制,控制,強迫人行他自己的意志,即便那已違反別人的意願。這個模式被基督完全顛覆,基督沒有用外邦君王的模式,祂是君王,卻是僕人君王,祂寧可放棄掉一切的宰制,祂是可以的;上帝可以打開天窗說亮話,上帝可以天打雷劈,每打下來,你要不要聽?但祂沒有這樣做。反倒是卑微地服事,讓人感動,明白,祂來服事人,並且捨命做多人的贖價。所以,十字架是基督的軟弱無力,是羞辱,是軟弱,完全沒有權力。最軟弱是被釘在十字架上,因此顯出上帝的大能。所以,權力的弔詭在那裡,當一個人想掌握權力時他就失落權力,反而有影響力。讓教會作權力的邊緣人,不要去宰制,不要去操弄,就按照基督的方式與教訓。我們是軟弱無能的,就在那個情況,上帝的權能就在那裡彰顯。脆弱,就反映出上帝的剛強,我想,這才是榮耀的。教會本身不需要剛強,因為基督是剛強。教會本身不需要再抓什麼,因為基督已經作主、作王。願福音治療那種權力的飢渴症。

教會·病理·學

教會的命名學

　　命名，即給定一個稱呼，標記一個人、事、物或觀念的身分，是一門學問。

　　中文世界裡命名的學問有很多種，算筆順、筆畫以定凶吉是一種；順應生辰八字陰陽五行相生相剋之理的，是另一種。這些學問我都不懂。我需要搞懂的，是另一種命名學。

　　「當小孩出生時，我該為小孩取什麼名字呢？」我那時困擾了好多天，既想取個響亮、好聽、深富基督教意義，又不想太俗氣、能讓人一望即知、卻會各自解讀的教名；想要很有風格，卻不想太特立獨行；想要好念好寫，卻不可以冒犯長輩名

諱、或與同儕諧音。左思右想,又有報名上冊的期限壓力,難啊!

現在回想起來,命名還真是個學問。

命名需要知識

當年看到報紙斗大標題:「AIDS 不是病!」還真是嚇了一大跳,直覺以為:這作者瘋了嗎?這愛滋病可是世紀絕症,怎不是病呢?還能洋洋灑灑寫了一大篇。讀過之後長知識了,原來,A.I.D.S. 是 acquired immune deficiency syndrome 的縮寫,中文名稱作「後天性免疫不全症候群」,是一大堆隨機感染或腫瘤等症狀的總稱,有肺炎的、皮膚病的各種奇奇怪怪的疾病,共同特徵是病患的免疫機能都很差,但是,重點就是這個「但是」,當時醫界只觀察到各種症候,卻不知道是什麼原因造成的,所以,只能稱為「症候群」。後來,醫界找到了 human immunodeficiency virus(HIV)人類免疫缺陷病毒,確定了此病毒是破壞人類免疫系統的原兇,也確認的病理機制,才能為之命名。從此,這病就叫作 AIDS 愛滋病了。命名需要真知識,只知其然,不知其所以然的無法命名。可見,當初在伊甸園裡亞當能為動物命名,其心智能力多高啊!

命名會塑造真實

　　命名除了需要對命名的對象有透徹了解之外，命名這個行動會將許多不確定的因素、性質固定下來。我們給小孩命名，這名字就是他／她，他／她開始成為他／她，其他人以他／她的名字稱呼他／她，並且與之互動，這名字所代表的意義不斷深化、涵化，名字與本人漸漸合而為一。想想看，給兒子取名為「武雄」或是「小雄」，每天這麼稱呼，長期以往，此人的性格會差多少？人生結局又會差多少呢？

命名是權力運作

　　命名是權力的展示。試想，誰有權命名呢？若有許多人命名，哪一個人說的算呢？在天文學界，小行星的命名權給予第一個發現者，所以編號第 145523 號小行星名字經國際天文學會聯會批准為「鹿林」，因為是鹿林天文臺的研究員第一個發現。現在筆者獨排眾議，主張國際天文學會的作法不恰當，145523 號小行星的名字應該是「芒神」，可以嗎？也不是不可以，至少這是「言論自由」的範疇，我想說什麼別人無權干涉。然而，若我不只在我自己家裡說這個小行星為「芒神」，而是昭告天下，主張這個小行星的名字為芒神，那就是完全另一回事了。其他人有無權力為這個星命名？若我主張別人沒有命名權，也不遵

II. 健檢／教會的命名學

守天文學圈子裡的遊戲規則,這是極端的單邊主義,我會被這圈子排擠。現況是,我不在天文學圈子裡,又做這圈子裡的人才能做的事,還宣稱圈子裡其他人都不能做。這樣,不被當作瘋子才怪。權力運作是一個協商過程,協商的雙方都須遵守一些規範默契才行。

所以囉,我為自己的兒女取名字,這是我的責任,也是我的權力,旁人就請多加尊重,因此,請以他／她的名字稱呼他／她。若同學、周遭人未經我同意為他／她「重新命名」,尤其是以歧視性的語言行之,我可是會生氣的,因這樣做扭曲了我對兒女的人格塑造的想像與人生發展的期待。

所以,地名、人名、物名不是不能改,只是要怎麼改,為何要改、改成什麼名字,都有講究。好吧,現在有教會內人士認為「台中」、「台北」太台了,改成米斯巴、迦百農,比較猶太(還是「屬靈」?)改完了縣市,區鄉村里也請改一改,屬靈才夠徹底。我們來把大安區改為耶利哥、和平東西路改為撒冷大道吧。

命名需要真知識的。有人要將某地改名為迦百農,我沒意見,但是命名者知道迦百農的命運嗎?要不要聽聽耶穌怎麼

說:「迦百農啊,你已經升到天上,將來必墜落陰間;因為在你那裡所行的異能,若行在所多瑪,它還可以存到今日。但我告訴你們,當審判的日子,所多瑪所受的,比你還容易受呢!」

命名會塑造真實的。我們真的那麼想成為迦百農嗎?

再者,誰賦予您們權力,能為這些城市重新命名的呢?請不要告訴我:昨夜國父托夢囑咐您。

命名,是一門大學問。

讓凱撒的歸凱撒

近年來常常聽到某些賢達在評論社會議題時,主張「政治的歸政治,體育的歸體育」,或「經濟的歸經濟,政治的歸政治」,(當然還有引申版的「麵包歸麵包,苓膏龜苓膏」),甚至基督教圈子內也有這樣的說法。我猜想,這用法應是源自新約聖經「凱撒的歸凱薩,上帝的歸上帝」。我無意從事語源學的研究或充當名嘴,然而這段經文的意義,在當下情境倒是十分適切的提醒。

按照馬太的敘事,耶穌最後一次上耶路撒冷去,刻意安排騎著驢駒,以先知預言所描繪的王者姿態高調進城,引起群眾

前呼後擁夾道歡呼:「和撒那歸於大衛之子!」使得全城都驚動了。然後,耶穌又進聖殿「趕出所有在做買賣的人,推倒兌換銀錢之人的桌子和賣鴿子之人的凳子」。耶穌不只是擋人財路,祂是在宣示主權兼清理門戶,聖殿的用途,祂說的才算:「聖殿是禱告和敬拜上帝之處」。猶太官長領袖們當然不悅,挑戰祂的權柄。

因此,耶穌咒詛無花果樹,一連講了三重比喻,警告他們:上帝的審判,要從以色列家開始了。耶穌的比喻故事,是希望聽的人可以從故事中找到自己,然而這些人在語意上是聽懂了,內心卻是剛硬的,他們恨得牙癢癢的,想要動手捉人,卻又懼怕耶穌的群眾基礎。

因此,才有後面這段故事。法利賽與希律黨人聯手,設下詭計要陷害耶穌。這群多年的敵人竟然可以聯手,原來「聯合明天的敵人,消滅今天的敵人」這套路自古就有。他們假惺惺地提問:「老師,我們知道你是誠實的,並且誠誠實實傳上帝的道,無論誰你都一視同仁,因為你不看人的面子。請告訴我們,你的意見如何?納稅給凱撒合不合法?」(太 22:15-17)

這裡所提到的稅是殖民者羅馬帝國的人頭稅，繳納人頭稅是效忠於羅馬的表現，因此保守的猶太人不願繳納。所以，若耶穌回答「繳稅合法」，就惱怒猶太人，失去民間聲望，被控違背摩西律法。若耶穌回答「不合法」，則冒犯帝國，也是死路一條。這麼惡毒的詭計，這群人竟然可以說得如此溫良恭儉讓！

耶穌沒上當。

「拿一個納稅的錢給我看！」耶穌沒有這種納稅的銀幣，這群人倒是隨手拿得到。耶穌反問：「這像和這名號是誰的？」祂掌握了話語權。他們回答：「是凱撒的」。那是一枚羅馬帝國發行的銀幣，除了有皇帝的頭像，錢幣正面的刻字宣示：「神聖奧古斯督的兒子該撒提必留」，背面的字是：「至高神的祭司」。

然後，耶穌說了那句千古名言：「凱撒的歸凱撒，上帝的歸上帝。」馬太告訴我們，這群人聽了「十分驚訝」，就離開了。很顯然他們都聽懂了。那麼，耶穌到底在說了什麼，讓這群人摸著鼻子走人？

第一種可能性，「凱撒的歸凱撒，上帝的歸上帝」是在說，有凱撒形像的是錢幣，就給該撒，但有上帝形像的，是人，就

要奉獻給上帝。如此,人錢分流,間接承認凱撒有正當統治權,上帝子民可以既效忠上帝,又可以效忠皇帝,即「雙重效忠」。

然而,這種「政治的歸政治,宗教的歸宗教」的分裂思想,不可能是耶穌的意思。一方面,政治、經濟、文化與宗教等是社會系統的不同面向,彼此連動,交織成一個有機的綜合體,無法簡單切割。

另一方面,這是第一世紀的以色列人無法接受的信仰。他們從亡國被擄巴比倫學會教訓,沒有「雙重效忠」這種腳踏二條船的事,那些想要同時敬拜雅威,又敬拜諸巴力的,是「淫亂」之罪,會惹動上帝的憤恨。因此,從被擄之地歸回之後,就不再敬拜任何有形的偶像,若有君王旗幟這類涉及偶像崇拜之物在聖殿區出現,可是會引發流血抗爭的。這也是聖殿外邦人區有兌換銀錢的攤位的原因,因羅馬錢幣有皇帝頭像與名號,不可在聖殿內使用。

第一世紀的猶太人每天生活的現實,是羅馬以「和平」之名所實施的恐怖統治。當從屬國的人民乖乖地繳稅金,來維持一個強大的羅馬時,才有所謂的「和平」,而那些繳不出稅金的,

「只有死亡與毀滅，拆毀城鎮，奴役居民，而強徵賦稅更導致小農地主只能棄地為奴與造反抗爭⋯⋯帝國到處都能看見這種『和平』的結果：就在購買物品的錢幣上、城門上、寺廟裡、還有伴隨著帝國崇拜的凱旋遊行隊伍中。⋯⋯這是用劍和血所打造的和平。[1]」

所以，如果我們現在也以為虔誠的信仰不會干涉公共領域，神學與經濟、政治與文化無關，這樣的話，信仰就被政治馴化，而抱持這種「被摸頭」信仰的教會，其實成了帝國的俘虜──正好符合帝國的利益。[2]

那麼，耶穌所說「凱撒的歸凱撒，上帝的歸上帝」這句話大概得如此解釋：帝國的錢幣是王權的象徵，凡錢幣流通之處，就是皇帝統治的領域，以這些錢幣來交易的，就是接受皇帝的統治權，效忠於凱撒。因此，耶穌是在責備那些猶太宗教領袖，沒有效忠於上帝。侯活士說得好，擁有凱撒王權象徵的錢幣，已經是拜偶像了，「所有敬拜偶像的銀幣都應送回該撒那裡。因為，一個人不能事奉二個主。」

---

[1] 華樂時、齊思美，《世界是耶穌的：歌羅西書想像與實現》（台北：校園，2017），頁 66-67。
[2] 《世界是耶穌的》，頁 125。

基督徒是宣認「耶穌是主」的群體，相信基督十架已經解構了世界上所有的權勢，他們的行動表明了「凱撒不再是主」，直接衝撞帝國的終極信念。所以，基督徒的日常生活，即便還無法完全不使用帝國的錢幣（無論是羅馬銀幣、台幣、美鈔，或 RM 幣），也該有意識地與帝國的偶像崇拜價值觀保持距離，包括語言的使用：「當教會內的用語，在敬虔外表的包裝下，對由偶像崇拜構成的文化提供正常的氛圍，因而充當一種斯文有禮的障眼法去掩飾在帝國的舒適生活，那麼，那樣的言語也是污穢的。[3]」

　　身為基督徒，在這等候盼望基督從天再臨的日子裡重新反思耶穌的教訓：「凱撒的歸凱撒，上帝的歸上帝」，心情就不會是驚訝，更不是驚嚇，而應該是驚喜。因為我們深信，那軟弱無能十字架，是終極性的勝利。

---

3 《世界是耶穌的》，頁 229。

III. 見證

神學炒短線？
——從華人的宗教性格反省基督教的宣教事業

若我們從 1807 年算起，基督新教與華人文化大規模對遇二個世紀，教會經歷了許多困境。宣教時遭遇文化中種種風俗習慣，往往僅視之為一項「文化素材」甚至是「迷信行為」，傳統上採取「見招拆招」策略，如祭祖問題，從禮儀之爭到追思三禮，從完全摒棄轉變到依循「功能性代替」思維，提出一個基督教可以接受的替代性作法為解決方案，然而，教會至今尚未能從整個文化母群社會深入理解這些文化習俗的深層結構。這是當前所有華人教會的要務。

論到「華人文化」,它是什麼?教會需先釐清「文化」的本質。吾人所觀察到的文化中不同面向的「實踐」(部件),是機械性的組裝組合,或是有機的環環相扣的相互連結,而成一個深具生命力的整體?比如說,汽車是一個機械性的組合,吾人可以將輪胎(或其他部件)拆卸,再裝回去,甚至還可以更換不同規格品牌的輪胎,基本上不會影響該汽車作為一輛汽車的本質,甚至性能會更好。然而,我們有聽說過把一個人的耳朵卸下來,再裝回去的嗎?人的身體是一個有機的生命體,耳朵與身體分開的那一剎那,身體(以及那一隻已經分離的耳朵)就發生本質性的改變,即使經過精密手術縫合,把耳朵接回去,也是一個全新的開始,而不是恢復到先前的樣子。因此,若文化是活的,則吾人對於任何一項觀察到的行為的理解,必須同時從多重視野、多個層面入手,「深描」(thick description)是必須的。

另外,是對於以往宣教策略實際的反省:以往教會幾乎都是從「傳者」的角度,關注教會在做什麼、有無達成預期效果。教會著重福音信息的準確性——所以過去發生了基要派與自由派之爭、救靈與救世之爭。有很長一段時間教會運用傳播理論——討論符號與意義、意義的傳達等等,在宣教事業上。其預設是將福音看作可言說、需解碼的「信息」,也就是說,教會

的福音宣講著重於言說與理解。

福音的準確性當然是很重要,然而,我們的聽眾能夠了解教會所傳的福音信息嗎?請想像一下,若某基督徒一如往昔到傳統菜市場買菜,見到某位市場菜販老闆娘以前沒機會受正式學校教育,小學只讀三年就開始到菜市場求生存,一晃就四、五十年,這一天突然興起,好奇地問:「耶穌是誰?」這位基督徒告訴他:「耶穌是完全的神,也是完全的人,神人二性合成一個位格,是三位一體的第二位。」這位菜販鄰舍大概會回應:「我知道你剛才講的是中文,可是我完全不懂。」所以,我們還需要從「受眾觀點」,探討福音的「可領受性」(appropriation)問題。今天筆者要從這二個面向來反省宣教事業。

華人的宗教性格

民間宗教提供一扇良好的窗口,能幫助我們了解華人文化的性質與深層結構。關於了解民間宗教的必須性,馬西沙教授於其大部頭的《中國民間宗教史》的序言裡力陳:民間宗教是中國文化的主體,不了解民間宗教,中國文化只了解一半。[1] 基於

---

1 馬西沙、韓秉方,《中國民間宗教史》,中國社會科學出版社,2004。

馬西沙的研究，再加上以前士大夫階級「在朝為儒、在家居士」甚至是道士的現象，民間宗教在華人文化裡的份量與影響力，恐怕不只是一半而已。

已故的美國三一神學院特聘教授保羅‧賀伯特（Paul Hiebert）研究了世界各地的民間宗教後，發現民間宗教關心四大議題：1. 生與死的意義。2. 人類福祉與不幸。3. 未知與人生的引導。4. 對與錯－道德判斷。[2] 台灣民間宗教基本上沒有脫出這四項關切，所以我們會看見繁複的喪葬風俗，各種趨吉避凶的法術、法器與信物，許多人會卜卦、算命、或到廟裡抽籤，期望連得三次聖杯；台灣民間也流傳各種道德報應說，如：這輩子當雞販，下輩子會變成雞被人吃等等。蘇格蘭長老會宣教師梅監務一百年前對台灣漢人的觀察：「在台灣，福音幾乎沒有市場，因為和人的實際需要無法切合。」因為台灣漢人缺乏幽暗意識，在宗教上是強烈的現世主義者。他們祈求的是「好的收成、生意興隆、成功的旅程、長壽、健康、財富，以及一個龐大的家族。[3]」看來成功神學在台灣由來已久，在許多不同宗教群

2　Hiebert, Paul G., R. Daniel Shaw, and Tite Tienou, *Understanding Folk Religion*, Baker, 1999.

3　鄭仰恩，〈犯鬼趕鬼 vs. 破除偶像－初探台灣基督教始終的趕鬼經驗〉，收於《本土神學研究論文集 1－鬼附與趕鬼論文集》，68-69 頁。

體裡都受歡迎,因為台灣的文化土壤為這類追求現世福報思潮提供了發展所需的養分。

至於當前台灣民間信仰的狀況,限於篇幅,僅以一個個案來說明:三太子與信眾。「電音三太子」在台灣廣為流行,許多綜藝節目紛紛效法,也成為世運會正式表演節目的重頭戲,甚至紅到國外去了。「三太子」是何方神聖?筆者所掌握到的資料,這位太子爺,「據說是李靖的第三子,名李哪吒,傳說生下來就身長六丈,頭戴金環,有三頭九眼八臂⋯⋯據說,從此祂就昇天成神⋯⋯」

從歷史的真實性來檢驗,三太子的一切都是傳說,歸根究底,有關三太子的事蹟源自明代二部小說《封神演義》與《西遊記》裡的情節,也就是說,三太子其實是虛構的人物。但是,台灣的三太子廟仍然香火鼎盛,信徒眾多。何以致之?因為三太子很「靈」嘛。對信眾來說,「靈」就可以了。靈驗性格是華人宗教性格的極顯著特徵,靈驗與否是信眾最關切的,這些行為突顯台灣人樂於尋求一種宗教上的立即滿足,而不管其有無實證基礎。用醫藥的語言來說,其實是一種偏方心理,因為對廣大華人來說,宗教教義是否言之有理、言之有據、邏輯是否一致不是重點,有無歷史的真實性也不關心,只要立即有效就

可以。曾有報導說，台灣骨科醫生髖關節置換手術很高明，甚至鄰近國家將患者送到台灣來求醫。有位醫生說這種事說來丟臉，台灣醫生技術好是因為開刀經驗多——因為台灣類固醇濫用，導致髖關節壞死比例全世界第一。類固醇在台灣廣受歡迎的情形，其實反應了台灣人深層的宗教心理與性格。

「靈驗」這個議題牽涉到社會現象諸多資訊的掌握以及宗教經驗的詮釋，深入解析不僅耗費篇幅過多，又偏離本文的題旨，以下僅引用 David Jordan（焦大衛）教授之研究略作說明：

> 這些華人受訪者似乎同時以二種不同方式來理解他們自己的宗教修持，一方面，他們真的相信他們所說的那些奇異事件的解釋，而在另一方面，他們也瞭解到他們自己其實就是展現那些令人神往的特異事件的行為者（agents）。他們同時是這個神聖境域裡靈驗事件的園丁與建築師，而他們自己也明白這一點。[4]

Jordan 教授講話非常婉轉，用淺白直接的話來說，這樣的情形不就是自欺嗎？那麼，基督徒會不會也像這樣，自己做出一些

---

[4] Jordan, David and Daniel Overmyer, *The Flying Phoenix: Aspects of Chinese Sectarianism in Taiwan*. Princeton University Press, 1986。11 頁。

事,然後自己又相信:那是上帝的神蹟?一方面,若一個人會自欺,無論他參與哪一種宗教團體,本性未改之前還是會自欺;另一方面,根據聖經對人性的教訓,自創世記第三章以後人都是自欺的,這才是神學正確的說法。所以,吾人需要時時警覺自己的本性,人心靠恩得堅固才是好的。

另一個與靈驗性格相關連的特性是功利取向以及引伸而來的利益交換:既然豬公已經獻了、電子花車也已經請了,神明怎能不保佑?為了香火,神明得靈驗一點,不然的話,「神明嘸人儃興」,信眾會離他而去。由此產生「交替神」現象:神明靈驗就好,不靈的話,信眾就會換座廟、找另一位神。至於靈驗與否的判準,往往在於信眾的心理需要是否能得到立即性的滿足,因此衍生了種種算命、符咒、筊杯、勘輿等等「即刻開悟」式的法術操作。總之,靈驗性格、功利取向、立即滿足這些特徵不只顯示華人常民文化裡對深層的世界運作的方式與法則,以及其中的神祕力量之操作方式的理解,更顯露出華人好炒短線的心態。

教會的宣教事業

從上文的分析來觀察華人教會的發展策略與教會治理,其

實在相當程度上也反應了華人炒短線的宗教性格。有很長一段時間華人教會的傳教方式，無論是個人佈道或大型佈道會，著重說理，要求聽者理解後作即時的回應，然後公開的認信耶穌為主，這種「決志」模式反應了教會對宗教皈依（歸正）的理解——一個單一事件，從此之後決志者「即刻開悟」，從此稱義成聖了。這個模式當然不是華人教會自己發明的，而是從宣教士學來的。

「決志模式」是十九世紀末到二十世紀初宣教士廣為使用的傳福音的作法，其神學根據是「搶救靈魂」的觀念，此外，這種方法其實是承襲自歐美基督教社群中的奮興運動的模式，從歷史的縱深觀察，此模式在歐美基督教薰陶後的社會裡很恰當、也正中要害。當教會的慶典成為人民的生活作息的依據、聖經的故事、意象成為文化傳統的來源、耶穌的十字架與主權是社會的深層結構、而救恩歷史成為思想和言說的語境，在一切文化條件都具備之下，非基督徒與基督徒的差異其實不太大，近到只剩下「決志」——個人內心態度的轉向，教會的宣教只欠「個人認信」這一道東風。宣教士們千里迢迢來到中國文化社會，那些願意吃苦的，進到最貧困、最困難的農村，他們運用了所有的裝備：神學的、文化的，開拓教會、訓練同工。（聖

誕節辦大型佈道會,因為華北農村,入冬小麥播種之後,才可以休息,這時正好有時間,可以聽外國人講故事,信徒才有時間參加長期培訓。這種方式其實是當年農村生活作息的反映。)而後本地同工起來接手,承襲宣教士的風範,繼續開荒佈道、開拓教會。另外,當年宣教士有「業績」壓力,定期要向差會報告事工成果,差會彙整之後向捐款者、教會報告,大家都有壓力,所以,在當年差傳教會的組織結構與神學思想雙重影響之下,宣教士採取「數人頭」式的佈道宣教方法,有其時代背景。

現在台灣某些情況似乎比起當年宣教士的時代還有過之。例如,許多人在尋找有效的教會增長策略,那些能夠在三、五年之內將會友人數翻兩番的,就是好方法,然而卻不深究新進者信仰的素質如何、執行策略的過程是否符合基督徒的誠信。教會增長模式在某地可行,不意味著在另一地區也可行,若未經嚴謹檢驗,在無大規模臨床實驗證明為有效之前就引進施行,其實是「偏方」心態,拿自己當白老鼠。

就教會植堂策略來說,筆者目前研究的質與量還太少,無法對台灣教會的現況作精準的分析,但就目前所蒐集的資料觀察,似乎甚少有教會願意花時間、資源深入研究拓植地區的歷

史文化與人文環境，探討合適於當地的教會的模式與策略，大多直接採取「機械式複製」的方式，把母堂的組織、聚會方式、程序等等直接 clone（複製）到新堂，結果，教會植堂好像麥當勞開分店，因為這樣最快、最有效率，而且，無論開拓幾個分堂、在什麼地方，走遍全世界，保證「內容一致、氣氛一致、服務一致」，教會的麥當勞化現象顯出這一代基督徒重視短線的業績心態。

另外是與民間宗教對遇的方式，不少教會群體以「反文化」觀點，採取「正面衝突」為手段，以戰爭語言來了解宣教上的種種困難，期望速戰速決，一舉擊敗「魔鬼」的勢力，卻錯用了台灣民間信仰的思維方式來詮釋聖經，據以實施屬靈爭戰，結果是使基督教信仰陷入法術化、民間信仰化的危險。

評論

吾人當如何應對教會內外炒短線的深層性格所帶來的影響呢？正本清源，先要從基督教信仰的根本救起。信仰，既然是一種信仰，就不只是「一套教理」，而是一種生活方式！筆者不是否認教義、言說的重要性。教義當然重要，而且極其重要，但是教義的論述仍然只是信仰的一個向度，而非全部。顧名思

義，基督教信仰是以基督為中心與唯一目的的生活方式，涉及人的一切思想、情感、認知、行為舉止、人際關係、價值觀、態度。既然信仰是一種生活方式，就不可能是私人性的，必須在與神、與人、與物、與己的整全關係中才能呈現。所以，信耶穌的意義，不只在認知層面明白聖經教訓一切資訊，更重要的是，是個人內在的價值體系與人生觀念完全轉化，以基督為主，這是一個一生之久的過程。門徒訓練是無法炒短線的。

那麼，這種以基督為中心的生活方式要怎麼傳？基督的福音是要讓人信而明白的，然而福音必須成肉身，活畫成受眾可參與的整體見證，才能讓人了解。言說顯然是不足的，傳福音必須是教會的整體見證，展示這種以基督為人生唯一目的的生活是怎麼一回事，所以教會甲呈現一種面貌，另一個教會乙可能呈現另一種面貌，與教會甲完全不同，卻也完全相容，因為他們信賴同一位基督。然而，言說還是必要的，因為教會至終仍需要以口語向世人解釋為何要如此生活，所謂「畫龍點睛」，但現在台灣教會的問題，似乎是不努力畫龍，卻光點眼睛，弄得整個畫布都是黑點。

當前認知科學的發展，使吾人更了解模仿的重要性。模仿先於理解，人若無法模仿，則無法理解。聖經說：基督徒應效

法信仰前輩,因為他們效法他們的信仰前輩;他們的信仰前輩也是效法前輩,……歷世歷代的教會都在效法使徒們,因為他們效法基督。透過觀看、模仿信仰前輩的生活方式,新信徒學會信靠基督,成為基督徒。「信」是一個一生之久的過程。

范浩沙(Kevin Vanhoozer)教授以舞台劇作類比,主張聖經是上帝救贖戲劇的腳本,主題是上帝國,基督徒是主要演員,在聖靈的引導下,在各地方劇場(教會),同步演出,在不同的時間世代,演出不同幕神聖大戲,而神學則是臨場指導,指導各地教會恰當地演出。[5] 也就是說,基督徒信仰群體的生活就是一場實況演出的戲(林前 4:9),不能 NG,也無法事先排演,觀眾隨時在檢驗他們,是否活出基督。從這個角度看,信耶穌可以說是觀眾(outsiders)看了幾幕教會實況演出的神聖救贖戲劇以後,跳上台,加入演員(insiders)演出的行列,此後,聖經所描述的救贖歷史成了他們人生故事的背景,而他們成了上帝新創造中的一份子。吾人不禁要問,當今的華人教會要演什麼樣的戲給我們的鄰舍觀看呢?

---

5 Kevin Vanhoozer, *The Drama of Doctrine: A Canonical Linguistic Approach to Christian Theology*, Westminster John Knox Press, 2005.

由此吾人可以知道教會主體在宣教使命上的重要性，而教會論的研究在神學上應具優先性，基督既是是教會的頭，救恩是教會的共同經驗，聖靈在教會中，引導教會活出歷代以來眾信徒群體努力活出的基督樣（Christ-like）人格，教會論應主導神學研究的走向。另一方面，「歷史意識」很重要，華人教會既是基督身體的一個肢體，是大公教會整體見證的一部分，是從一個源遠流長的傳統而來，承繼歷代聖徒們的位份，以中華文化為素材，接棒演出上帝的救贖大戲。我們活在使徒行傳第 29 章的時代裡。

愛中生活即宣教

「愛」，很可能是目前日常社交生活中使用最頻繁的字眼了，不只年輕世代開口閉口會說「我愛你」，還有讓人電到、激情、迷戀，半夜睡覺也會偷笑，很 high 有 fu（編注：網路流行語，原文是 feel，意思是感覺很到位），讓我們 fall in love 感覺良好的浪漫。基督徒當中當然也普遍使用這個字，從所唱的詩歌、彼此見面問安的用語即可略知一二。然而真正的愛，不是一種浪漫的感覺，也不是某種從上帝而來、可傳遞給第三人的「屬靈實質」，更不是對著不想知道姓名的人說「耶穌愛你，我也愛你」，隨即轉頭而去的荒謬。基督教所說的愛其實有不同的含義，就以保羅在哥林多前書 13 章 4-7 節所說的「愛的真諦」來

說,「愛是恆久忍耐,又有恩慈;愛是不嫉妒;愛是不自誇,不張狂,不做害羞的事,不求自己的益處,不輕易發怒,不計算人的惡,不喜歡不義,只喜歡真理;凡事包容,凡事相信,凡事盼望,凡事忍耐。愛是永不止息。」

基本上,這裡所說的愛是一個動詞,是「以合宜、恰當的方式對待他人」。人與人之間互動當然會激發各種感覺,有時候不太浪漫,但愛是在那些感覺之後的抉擇與行動。在人生不同情境、不同身分的那個當下,能根據聖經的典範分辨是非,又能分析長程、短程的影響,然後採取恰當的行動。這一整個過程需要足夠的知識,更需要道德勇氣。這是智慧。

這一段開頭就提到「愛是恆久忍耐、又有恩慈」,結尾又提到「忍耐」,這樣愛就永不止息。通常我們聽到「忍耐」這個詞,會聯想到「悲情」。帶著悲情的長久忍耐只是不得已情況下的「忍受」而已,但這不是聖經的原意,重點在於「恩慈」。恩慈,或作仁慈,是一種以超越的眼界,去支持、醫治那些無能力回報的人。所以,愛很不浪漫,而是一個人能以恩慈的心態持續地等候。

有時候仁慈需要冒險,因為好心不一定被接納、好意人不

一定領情。我們的本能反應是覺得受傷、就放棄了，從此不再仁慈。所以說：人的愛有限，因為人通常早早就放棄，不願意繼續為那些不配得的人承擔。然而，上帝不放棄，仍然願意「再試一次」。一個人為什麼會仁慈？因為他知道，上帝在這一切事上掌權。所以，這樣的人因為心裡帶著盼望，就能繼續以仁慈的態度對待人。仁慈使人勇敢、自願成為弱者，把自己暴露於可能的傷害之下。因此，愛是使我們能處理人生中各種意料之外事件的不凡能力。

然而，人生難免有些時刻會愛不下去，怎麼辦？這要回到基督教信仰的核心。因上帝有恩典有憐憫，祂的救贖的工作會成全到底，因此，在上帝的保守之下，教會或許會經歷高低起伏，然終究會越來越好；眼前這個人會越來越好、而我們自己也會越來越好。因為上帝的愛，使我們可以用這樣的態度彼此對待，心存盼望而審慎樂觀地期待將來。

那麼，這一段「愛的真諦」經文是在講婚姻愛情嗎？若再查考一下上下文脈，會發現婚禮的時候才唱這一段愛的真諦，恐怕是對於愛存有浪漫的幻想。哥林多前書十二章到十四章這一大段經文，是在糾正教會內因對「屬靈的」有不同的見解而黨同伐異，造成聚會混亂的錯誤。有人會醫病、趕鬼，有些人

能說方言,就自以為屬靈高人一等,而輕視那些沒有這些表現的弟兄姊妹。保羅的話實際是在說:你們這些能說方言、趕鬼的,對待教會內其他弟兄妹時,是常常忍耐帶著恩慈嗎?如果沒有,怎麼能說自己是屬靈的呢?那些覺得自己已洞悉上帝心意的,動不動就要上講台去說「聖靈感動我」,有沒有耐心聽聽弟兄姊妹的不同意見呢?保羅說,「我們現今所知道的有限」,真正的屬靈人,在知識上是謙遜的。

現在台灣教會面對內外許多議題,諸如教會治理體制更迭、民法、勞動基準法的修訂、環境保護或轉型正義等等,看法立場並不一致,不同教會按各自神學傳統,以不同的方式表達自己的立場,這是多元的教會本有的面貌,原不足為奇。基督教內若有重大歧異,應坐下來對話溝通,講解聖經來說服異議者的良心。若一次無法說服,就下次再繼續辯論,直到達成共識,而不是以好像上帝一樣能「掌握最後真理」的傲慢態度,輕率地判定不同意見者不再是基督徒。基督教內因不斷地聆聽與對話,因而建立了自我偵錯矯正的機制與能力,這是教會內共同尋找真理的路途。從教會二千年歷史來看,這機制確保了教會雖不斷犯錯,卻能成為真理的管家與柱石的奧蹟。

若我們再仔細思考「愛的真諦」經文的敘述,可以發現一

件事情，就是這些經文的重點不是在講「事情」、基督徒要作什麼事，而是在講「人品」：基督徒是怎樣的人。「愛」這種高尚的人品，是上帝在耶穌基督裡按照基督的樣式重新打造的，所以稱為「恩賜」，使我們在生活中對待家人、會友、同事、鄰居的態度都完全改變，所有人際關係都會重整。這樣的信仰群體會將生命的道表明出來（腓 2:16），會讓世人能從教會身上，體驗到基督豐豐滿滿的恩典與真理。因此，教會作為基督的身體，成了耶穌基督道成肉身功能上的延續。在這等候基督從天再臨、將萬物都更新的日子裡，基督徒得時時問自己：我們是這樣一個愛弟兄、愛鄰舍的人嗎？路加記載當年「罪人都挨近耶穌」，我們今日景況是在效法耶穌嗎？

曾有位弟兄忿忿不平地提及，某遊民中午時分到某教會去，說自己到「已經三天沒睡好又沒吃什麼了」，該教會裡三、四個人為他禱告了一個多小時，禱告完了，跟這位求助的人說：「我們已經將你的需要交在上帝手中了。」就這樣。

我們今天以什麼方式來對鄰舍說「耶穌愛你、我也愛你」呢？

後記

　　寫這篇文章的十天前傍晚時分，筆者在客運站等車回家，忽然一位上了年紀、手裡拿著一個裝著幾個泡麵紙碗的大型透明塑膠袋的婦人在旁位子坐下，問我：「我可以跟你要十塊錢嗎？」我心裡突然冒出很多念頭：怎麼是這數字、有社工背景的同事說過什麼、某教會曾立下什麼制度、也想起年輕時的往事。我反問：「你怎麼會跟我要十塊錢？」這位婦人回答：「想到隔壁超商買飲料。」飲料？我心裡嘀咕，不健康吧，正好我背包裡還有一顆橘子，就回覆：「我給你一顆橘子，好嗎？」收了橘子之後，她又問：「我可以在這裡吃嗎？」「橘子已經給你了，就是你的，你要在哪裡吃，我不方便說什麼。」我才轉身，沒一會功夫，見到她已走出車站外離去，應該還沒吃完那顆橘子。客運發車後幾分鐘，我突然想到：該不會那橘子就是她的晚餐吧？我背包裡還有一包餅乾，為什麼不給她？為何沒乾脆給她一百元去買便當？如果會被騙，不過就一百元；如果她真的沒飯吃呢？我就錯失了接待天使的機會。我心裡懊惱：若是會犯錯，寧可是錯在對人太仁慈，而非對人太無情。我禱告上帝，讓我有機會再遇到那位婦人並問她：「請問，我可以到隔壁超商買個便當給您嗎？」

III. 見證／宣教均平原則的可能性

宣教均平原則的可能性

　　自從 1970 年代開始,台灣教會界發起一波波的教會增長運動,引進許多模式,諸如:禱告山(禁食禱告運動)、韓國純福音中央教會模式、美國十大創新增長模式、敬拜讚美運動、聖靈更新運動、公元 2000 福音運動、內在醫治、醫治釋放、小組教會、國度轉化運動等等,結果如何呢?有教會媒體報導,說是教會很奮興,台灣大型教會(信徒人數超過 1000 人)已達 50 所以上,各山頭逐漸轉化等等;台灣教勢報告一發表,全台基督教「聚會人數」持續增長,許多人大感興奮。如果真相如此,那真的感謝上帝,然而,看著各種數字與報告,我卻樂觀不起來。

教會・病理・學

瞭解台灣教會現況

若只注意這些都會中的亮點,容易誤判台灣教會整體的現況,若將眼光放到整個台灣教會發展的長期趨勢來看,會有不同印象。先來看看幾個統計數字:

1. 中華基督教協進會的教勢報告

2013 年底泛基督教共 4872 所堂會,共有會友(含兒童)1,551,075 人,佔人口比 6.95%。

2015 年的教勢報告出爐,二年來聚會人數成長了 0.6%,已突破總人口數 7%。然而教勢報告是以各教派的年度報表輔以電話訪問所得的數字,基於台灣人若人數增長會報告,若教會人數減少會「保持沉默」的做法,加上計算時的失真與誇大(有份問卷提及所屬教會的聚會人數,受訪者圈選 100-200 人,我正好知道這個教會實際聚會人數 50 人上下。希望這個是特例)。教勢報告的數字是「聚會人數」,在沒會籍制度的情況下,熱心參加聚會的會友就可能重覆計算好幾次。

2. 2010-10-13／台灣〈國度復興報〉記者羅惠芝的報導

由領袖發展協會委託政大選舉研究中心進行的《2010 台灣

基督信仰民意調查報告》顯示，表明自己「信耶穌」的人，高達10.4%；其中篤信基督教者佔5.3%，天主教為1.3%，其落差的3.8%人口，可謂「隱性基督徒」，值得關注。

該調查顯示，教會活動吸引「女性多於男性」；愈年輕，對教會感覺愈好、愈容易信主；非信徒不喜歡教會的原因是「教條規範、一直傳教和逼人信教」、非信徒男性希望教會能提供「理財課程」，非信徒女性則希望教會有「親子關係」服務等。以上這些數據結果，提供了教會牧者更廣泛具體的牧養方向，不必再瞎子摸象。

調查報告在信耶穌的人中，女性比率（10.9%）高於男性（9.9%），亦顯示教育程度愈高，信主比率愈高，小學及以下為8.5%，大學及以上為13%。職業別中，以軍公教人員信耶穌比率最高（13.8%），學生居次（12.8%），農林漁牧最低（5.4%）

3. 中華21世紀智庫協會在2012年電話調查

在以受訪者的自覺為認定標準這樣寬鬆的條件下，台灣基督徒人數佔總人口比例為7%，另外有些資訊值得玩味：「全國隨機抽樣的1,625名受訪者中，「相信耶穌」達23.2%，各種宗教的受訪者中都有人「相信耶穌」。有18.3%「相信耶穌是神」，

且各種宗教的受訪者中，都有人「相信耶穌是神」。

4. 中央研究院社會變遷基本調查

　　這是嚴謹抽樣、長年進行，每年超過二千個面對面訪談的調查，從受訪者的背景資料可以得知台灣基督徒佔總人口比率。筆者手邊的一份數據顯示，基督徒比例長期來說沒有太大變化，在 4% 左右波動：3.62%（1998），3.92%（1999），3.74%（2000），4.26%（2001），4.03%（2002），4.32%（2003），3.33%（2004），3.61%（2005），4.07%（2006），3.96%（2007），3.90%（2009），3.95%（2010），4.91%（2011），3.97%（2012）。

　　好了，哪一個數據比較準確？解讀統計數字需要注意社會調查的方法，不同的方法會直接影響結果；以電話調查、問卷或面對面訪談會不一樣，問題的問法，誰來問……也都有影響，會產生誤差，所以需要先知道誤差成因、誤差多大，解釋的時候要將其還原，才能以較為準確的方式瞭解真相。電話調查的受訪者年輕人比例會偏低，需要加權還原，這還容易處理；然而，有些訪談結果「基督徒」與「信耶穌」比例差距懸

殊,根本原因就是「問錯問題」:在台灣,詢問對方是否「信耶穌」,意義其實不明確,因為一貫道的信徒也會說他信耶穌,這些人可以稱作「隱性基督徒」嗎?18.3%的台灣人「相信耶穌是神」又有什麼宣教神學上的意義?現實是很殘酷的,在台灣教會的版圖上,或許存在許多亮點,但是整體而言,亮點以外的面卻不太理想,整體教勢還是萎縮的。

診斷教勢的問題

有道是歷史事件無法複製——成功的原因找不到,但是可以找到失敗的原因。台灣眾教會努力了三、四十年,為何未達期望?底下有幾項觀察:

史文森之「補網」研究 1970-80 年代台灣教會的狀況:1971 年失去聯合國席次,1979 年台美斷交,社會不安心理籠罩因而有移民潮,往外移民人口中基督徒占四分之一,考量基督徒占當時總人口比例約 3-5%。這樣算來,基督徒往外移民的比例大約是非基督徒的 6-8 倍。

馬蓋文的「教會增長原理」與「同質團體原則」被引進推行,但這些宣教策略／原則,都基於當代某種社會科學知識,

包括社會學、心理學、人類學、非營利組織的管理學等等。但遺憾的是，卻是過時的、或不合文化情境的社會科學知識。[6]

如果再把台灣超大型教會（信徒人數超過 1000 人）已達 50 所以上，資源集中之後，少數教會更有能力辦媒體、研討會來推廣其理念、主導台灣基督教言論，也就是說，台灣教會在 M 化情況是蠻嚴重的。

筆者對這現象有二點省思：

第一，先從台灣的快速都市化現象說起。1950 年代台灣人口的 90% 是農村人口，到了 1990 年代，數字整個倒過來，90% 是都市人口，都市化僅僅在一個世代之間就發生了。當整個台灣快速都市化，國家軟硬體建設的經費大量投入都會區，尤其是大台北（高鐵、高速公路、都會捷運、高中大學教育機會、服務業以及商業活動等等），造成工作機會與收入的城鄉差距，吸引鄉村人口移民大都會，中南部人們移居大台北，造就大台北的榮景。新興都會地區的教會也容易吸引到人群，也是同樣

---

[6] c.f. Michael A. Rynkiewich, "A New Heaven and a New Earth? The Future of Missiological Anthropology," in *Paradigm Shifts in Christian Witness*. Orbis, 2008.

的原因。位居大都會區的教會因此撿了許多「大水柴」。所以都市教會之奮興現象,產生許多「亮點」,其實社會力要占一大部分原因。

第二,信徒因為在都會區上班,尋找收入較高的工作,久而久之大多數人成了社會學上的「都市中產階層」,影響所及,都市教會的信息、組織與聚會型態也針對都會中產階級的口味與需要,導致教會裡同質性很高,文化、社群的「同溫層」現象也在教會裡出現。那些缺乏社會政經資源、文化資本的都會區中下階層未得之民,以及地理距離都遙遠的「偏鄉」教會往往落在基督徒視野之外。

整體而言,從策略運用的角度來看,基於錯誤的社會科學知識、對台灣現況的判讀不精準,這樣情況下所制訂的宣教策略、資源分配,當然就沒打到要點。

回應時代

基本上我們要「忠心」,忠心運用上帝所託付的資源、作忠心良善的好管家。比如說,有些人因為忠於上帝的託付,搬到一個遙遠的國家去,結結巴巴地學說外國語,吃奇奇怪怪的食物,比如說:招待貴賓才有的新鮮昆蟲 sashimi,不沾芥末醬。

為了上帝的緣故,他們選擇了一個不太舒適的生活方式。這是宣教。另外有些人,也是為了忠於上帝的託付,留在偏鄉遠地,雖然其他地方有更多工作機會,而且,先知在本地本鄉往往不受歡迎,他們仍然長期守著這一切。另外還有些人,為了忠於上帝託付一生不斷地搬家,居無定所好像流浪漢一樣,這些都值得我們尊敬與效法。

工作即宣教

或許有人會問:「我不是宣教士,只是個學生、上班族,平常忙得半死,賺錢餬口、養家,有經濟能力來支持教會事工,除此以外就只是件『世俗』的工作而已,頂多放假時參加短宣隊,我跟教會的宣教使命有何關連?」弟兄姊妹啊!千萬不要這樣想。上班的意義,不只是讓我們有機會接觸到未信主的人這樣的工具性意義而已,基督教觀點認為工作是神聖的,所以工作的場域就是敬拜的聖所,職場工作就是重要的事奉,是上帝特別賞賜的機會,得以在一個特殊情境、公共空間中見證基督,因你的基督徒人品,同事會看出不同,或許因此會受到排擠(世界會恨教會),有時會受到尊重,無論如何,你的存在叫人不得不面對一件事實:這世界還有一種人,叫作基督徒,這世界還有一種人生觀,叫作為上帝而活。因此,每個人都會感

受到「末日審判」的威脅：基督徒是光，照亮了黑暗，黑暗或許不來就光，然而，黑暗者抗拒光明的行動就因此審判了自己。基督徒上班，就好好地上班，但在某些極端狀況，要起來抗拒老闆，即使會失業去當流浪漢，因為「順從神、不順從人，是應當的」。工作是帶著強烈宣教效果的，而且是在從事「跨文化宣教」！職場上的挑戰，其實不比傳統類型的宣教士小，所以，也是這個緣故，基督徒每星期聚集，從教牧同工們得到支持與裝備，然後被差派分散出去，在六日之內從事他們的宣教事奉。

基督教版鮭魚返鄉

然而這樣，不管在什麼地方都是一樣服事上帝？對，也不對。邊際效益不一樣。我們需要以更廣闊的眼光，來看待自身的生活方式，尤其要以文化地緣關係衡量我們的生活場域。基督徒生活於不同地點，其實對宣教長期的影響重大。

有時候我們覺得台灣偏鄉與基層是堅固營壘，人心剛硬很難傳福音，好像鐵板一塊，這說法有些點真實，因為客庄、農漁村的社會結構，是親屬、鄰里、宗教多重系統複合在一起的「超穩定結構」，其中成員很難擺脫群體與意識型態的束縛，當中若有人探頭進教會來，好奇地想知道耶穌是誰，就會受到嚴

屬的社會壓力與指責。另一方面，因為許多的基督徒「鹽巴」，因政治社會力量從原本的居所被抽走、集中到都會區了，除了信徒人數減少，教會自立的能力與基督徒的見證都被抽離了原本的場域，失去了自立、自養、自傳的能力與資源。

我們需要逆向操作、對抗這世界的潮流，實施「宣教的均平原則」：都會區的教會，長期有計畫地將經濟資源、人力、智慧知識，轉運到各流失地區的教會去，以期讓多的沒有餘、少的也沒有缺。短宣是好的，但是不夠的，我們還需要長期宣教者。都市教會可以、也應該扮演人才的培育與轉運站角色，有計畫地招募弟兄姊妹，加以訓練，然後差派至其他教會去。我想要強調的，是差派「會友」，這是種新型態的差傳。現在台灣的景況需要新策略。過去我們曾經因為找工作而搬家，然後找教會。可不可能，我們先決定一個地方、一個教會，然後找到工作之後搬過去？已經退休的或經濟能自主的基督徒，沒有找工作的問題應該更容易。或許都會區的中大型教會可以仿效農委會鼓勵都市人返鄉的「漂鳥計畫」，發起基督徒版的「返鄉漂鳥計畫」，將有心往偏鄉的，以及原本從農漁村移民都市的「大水柴會友」差派回鄉，同時，在教會中找十二個家庭來支持一個家庭，作為這個宣教家庭靈性上的夥伴與經濟上的部分支持，

使返鄉的基督徒家庭透過在當地的生活、與人的互動,向人見證基督;「在場」,基督徒在那裡存在這件事本身就是最重要的事奉,而二個教會之間也因此建立更緊密的福音伙伴關係,更深刻體現「聖徒相通」的真義。

綜觀教會歷史,教會奮興與發展、宣教運動與基督徒移民運動是平行發展的,也就是說,移民運動帶動了教會的宣教,移民即是宣教。若上帝呼召你,移民到另一個城市,以成全上帝在你身上的恩典,你預備好了嗎?

流放生涯即信息

希伯來書提到信仰的祖先時說:這些人都是存著信心死的,並沒有得著所應許的;卻從遠處望見,且歡喜迎接,又承認自己在世上是客旅,是寄居的。這些人是至死有信心的人。他們並沒有領受到上帝所應許的;可是從遠處觀望,心裡歡喜,又承認他們在世上不過是異鄉人和旅客。

人生本來就是趟旅程,只是,若我們在一處定居太久了,容易誤以為已經到家。出埃及四十章說到以色列人在曠野操練什麼樣的靈性生活:每逢雲彩從帳幕收上去,以色列人就起程前往;雲彩若不收上去,他們就不起程,直等到雲彩收上去。

四十年，他們學會了不擔心食物、敵人，不去想明天要繼續安營還是啟程，只要「專心仰望上帝」，他們進迦南定居之後，需要保有在曠野時操練出的靈性。歷世歷代的聖徒也是一樣：「這些人如同雲彩般的見證人圍繞著我們，本是世界不配有的人。這些人都是因信得了美好的證據，卻仍未得著所應許的；因為神給我們預備了更美的事，叫他們若不與我們同得，就不能完全。」同樣，當代基督徒也需要離開舒適圈，在自己的地方「流放」、成為跨文化的見證人。

基層、偏鄉是抗拒福音的堅固營壘嗎？是的。但只要請再多想想耶穌的話：「你們是地上的鹽。」我們可以從海砂屋得到啟發：這些房屋也是鋼筋水泥蓋的，原來也很堅固，但幾年之後逐漸崩解，因為混凝土裡有鹽分，而鹽具有進行性的侵蝕的能力，不斷地使鋼筋鏽蝕膨脹，因此，只要一點點鹽，假以時日，就足以讓一大片鐵板鏽蝕。只要有教會存在，他們是鹽，鹽在哪裡，只要時間夠久，堅固營壘遲早會瓦解，因為基督的十字架，具有無堅不摧的影響力，陰間的門擋不住的。

我的認知是悲觀的，但我的信仰是樂觀的。

擁抱受排斥者作為信仰的實踐

　　台灣的內地埔里有個基督教設立的青少年綜合服務中心，多年接受各地地方法院委託，收容保護管束的青少年，將「非行少年」轉變為「飛行少年」，頗具成效，在全台灣相似機構中顯得突出。許多少年法庭的法官經驗到將這些需要管束的青少年送到該中心之後，下一回遇到這些青少年的場合，並不是因犯案又進法院，而是在聖誕節期間，由教會牧師訓練帶領，參加管樂隊巡迴報佳音的場合，甚至是幾年之後，少年人成長找到工作，回頭向法官道謝。因此，於公於私，各地少年法庭、甚至遠從金門將少年送交這個機構。然而，法官認證的績優單位，卻因政治紛擾被當地政府社會局評鑑為「不合格」，後來一

連串波折，該中心決定關閉。在這過程中，有少年法院法官感嘆「不知道可以把還有救的孩子送到哪裡去？」[1] 這實在令人不勝噓唏。

在一般社會生活中，受法院管束的青少年或多或少會被看作是「污染源」，將之貼標籤、污名化，社會大眾唯恐「被他們帶壞」，因此，不少人會下意識地「保持距離，以策安全」。然而，疏離其實是一種排擠與歧視，所透露出來的信息，無非是持異樣眼光者自身的道德優越感，以及對於「異類」的無知和恐懼。社會大眾如此對待邊緣人，正好將他們推向更糟的境地。

我們可以想想鄭捷的例子。那一年還是年輕大學生的鄭捷在臺北捷運上隨機殺人，造成多人死傷的慘劇，震驚全台灣。大眾不解的是，當事人出身於富裕家庭，父母的政經關係良好，怎會做出令人髮指的惡行。究竟是行兇者個人本性的因素、個人的挫折感、長期沉迷於暴力電玩遊戲的影響、家庭教育失敗、教育系統的失能、同儕支持不足，還是其他社會結構性原因導致此人犯下這次暴行？大眾或許因鄭捷迅速審判與槍決而漸漸淡忘了這個事件。然而，鄭捷是特例嗎？那個年少時

1　根據信傳媒之報導 https://www.cmmedia.com.tw/home/articles/2911。

III. 見證／擁抱受排斥者作為信仰的實踐

笑容燦爛的鄭捷，何以成為兇殘殺人者，這謎團因槍決之後也永遠無解。但是，對於行兇當事人要如何矯正，以及如何從根本性的措施，以預防另一個鄭捷產生，更有待政府與民間更多努力。

俗話說冰凍三尺非一日之寒，人性也是是如此。說起來人的品格的形成，是由個人先天的本性與後天的社會影響，這二項動力因子長期互動的結果。人的本性有光明面、也有陰暗面，可說是既善又惡、惡中有善、善念中又隱藏著惡意，處在或佔優勢、或處劣勢，卻不斷變動的社會情境中，每日經歷無數次有意無意的抉擇與行動，善心會被培養，惡念也可能被激發，一個人的品性就在此互動過程中逐漸潛移默化而穩定成型，所以是一個社會建構的產物。從這樣的觀點來看，只要在一個合適的環境中，假以時日，人人都有可能是另一個鄭捷。大惡，是從隨手塗鴉、順手牽羊這樣的小惡逐漸累積而來的。正如名導演李安在〈臥虎藏龍〉影片中所探討與傳達的，「人人心中都有一個玉嬌龍」。

更有甚者，沒人是孤島，在社會中的每一個人都彼此緊密相關、互相影響，都是這個社會結構的一分子，也就是說，每個人都是這個罪惡的共犯結構的一部分，我們每一個人其實都

直接或間接（無論多遙遠）都參與了塑造鄭捷成為鄭捷。法律不會追究，但在道德上有責。

目前台灣的社會結構，家庭系統與學校制度的破網，得由社工系統彌補，若是這個系統失效，最後就由獄政系統承接。一個人一旦進了這獄政系統，要再矯正就更困難了。所以，惡的矯正，需要從個人內心到社會結構、涉及人生多向度的整體改造，這是一個長期的建構工程。在社會改造的工程上，教會或許自覺力量微薄，但小善即便渺小，亦能發揮潛移默化的正向功能。如同捷運隨機殺人事件發生的第二天，鄭捷就讀的東海大學的校牧室發給東海師生一封的內部信函中所說：「一夜之間我們都發現了在東海的每一個人，無論憂喜勝敗，都是我們的家人，我們愛著他們，卻也不夠愛他們。」

上述的青少年服務工作使我們看見一些曙光。其服務能有此優異績效，當然不是偶然的。筆者曾幾次觀察，發現這個服務團隊在社福機構的各種專業與管理方面力求精進，注重人性化的生活管理與輔導、藉由職能訓練與工作轉介，以強化受輔導青少年的成就感與自尊，而品格教育結合宗教的靈性薰陶，是在精心營造的社群生活中，透過人生歷練豐富的長輩的言教與身教來進行。最讓人驚艷的，是服務團隊在與人的互動中所

顯露出來對人性尊重的態度。

這樣說吧,這些受法院保護管束的青少年之所以「非行」,一項很大的原因,是他們從小自家庭、學校、甚至是宗教社福單位裡,所體驗到大人們所謂的關懷,其實是假的。因此,他們不信任大人們、不信任社會。但中部這個團隊是玩真的:不是為了功利性的以社會服務取得宗教功德,卻願意陪這些孩子而改變自己的生活型態,也不擔心自己的小孩「會被帶壞」。當初該教會牧師夫婦把自己的獨子也一同送到當地國中上學,學校不知情,都還以為他也是「非行少年」之一員。後來他畢業考上國立高中,因「非行少年」上國立,是難得的佳績,老師們很高興,想請他吃大餐以示慶祝,卻猶豫「不知你們牧師會不會同意」時,小孩才表明「不會的,他是我父親」。也就是說,這個團隊以對人的尊重、一視同仁的生活,來實踐「愛人沒有虛假」的經訓。這樣的行動所顯露的,是一種被上帝恩典轉化的價值觀,可稱作「道成肉身式的信仰實踐」。

按照基督教的教義,上帝放下自己貴為宇宙主宰的尊嚴與身段,親自成為平凡人,而且成了為他者而存在的人。這個「向下的移動」成為人類道德的新典範;同時,上帝也教導祂的跟隨者,要效法祂的榜樣,成為服務他人的人。從基督教信仰的

觀點來看,「他者」其實是「我者」據以建構自我身分不可或缺的共存的人性(co-humanity)的一部分,成全他者的人性時,不只成全我者的人性尊嚴與人生價值,而且這共存的人性更反映造物主慈愛的光輝。

台灣當然還有更多默默行善、見證福音的機構與教會,甚願更多像中部這個青少年中心這樣的事奉見證,以擁抱受排斥者作為信仰的實踐,為更多人服務,使更多人蒙福。

擁抱怪咖兄弟

　　這些年不時聽到有基督徒責備不同神學立場的人：「沒有……就不是基督徒！」使我猛然想起有一回手指割傷，過程不到一秒鐘，傷口不深，幾天後漸漸癒合，卻還不時以輕微地隱隱作痛的方式來提醒我它的存在，後來快二星期才完全痊癒。算起來，大概費了一百萬秒。若說生命有定律，這應該就是吧。

向歷史借鏡

　　回顧重洗派教會五百年歷史，是不斷受迫害、逃難的歷史，亦是內部分裂的血淚史，而分裂的主要原因，往往是因對於「惡」反應太過激烈、嚴苛所導致。就以台灣門諾會的美國

母會 General Conference of Mennonite Church（GCMC）的歷史來談吧！

十七世紀開始重洗派難民從歐洲不同地區逐批移民到北美安居落戶，他們歐洲中下階層的族群文化色彩濃厚，總部設在賓州的 Mennonite Church 是其中一支。然而在 1847 年的大會中，卻為了是否積極對「外」（非重洗派鄰居）傳福音以及是否提倡較高程度教育（意指接受現代文明）等議題，二個世代之間產生決裂，持傳統立場的大會領袖禁止提倡積極傳福音與提高教育的年輕領袖 John H. Oberholtzer 與會，之後協調未果導致決裂。John H. Oberholtzer 及部分領袖與約四分之一信徒因而出走，另立聯會，之後在 1860 年，許多贊同 John H. Oberholtzere 理念的區會聯合起來成立總會，GCMC 在那一年正式成立。

當那一代過去，後來的世代開始尋求和好的可能性，只是，分開了幾十年又各自發展，談何容易？因此，第一個步驟是在 1958 年時，兩教派的神學院遷移到同一地點（Elkhart, IN），組成「聯合神學院」，先共享部分硬體資源，進而相互承認學分，後來，於 1983 年兩教會聯合慶祝門諾會在北美三百週年，達成合併的默契，海外宣教差會開始整併，歷經千辛萬苦，最後在 2001 年大會通過，兩教派於 2002 年二月正式合併

成 Mennonite Church USA（在加拿大早二年合併成 Mennonite Church Canada）。分裂只花了幾天，復和卻走了半個多世紀。

一百年來，美國基督教裡基要派與自由派之爭，也在門諾會內部不斷產生衝突，在合併之初就有保守的教會脫離，近幾年的同性婚姻議題更是燙手山芋。MCUSA 內偏向開明的人提議承認同性婚姻，牧師可以為同性婚姻者主持婚禮，然而保守派極力反對，認為這直接違背聖經真理，雙方交火幾年下來沒有交集。2015 年又有提案要求承認同性婚姻，當家的執行委員們的決定是「緩議三年」，結果，正反兩派都不滿，開明派認為這是拖延戰術，保守派認為執行委員會在真理上妥協。導致 MCUSA 中教會數（一百六十多間）與會員數最多（一萬三千多人）的蘭凱斯特區會在當年十一月以壓倒性多數通過退出 MCUSA。MCUSA 為此議題又快分裂了，會友總數從 2001 年約十二萬下滑至 2016 年的不足八萬。

教會裡難免有不合意的人事物，有時候也實在有違背真理的疑慮，但是，大家的看法不一致時，應如何處理呢？我認為首先須先分辨。雖然說大罪小罪都是罪，但的確也有輕重緩急之分。以下簡要說明。

教義的準繩

基督教判斷一個思想、一個教導是否合乎聖經的準繩,是根據上帝在耶穌基督裡的啟示、從聖經整理出來,並經初代教會大公會議認可的。這些準繩也成為基督教不同教派的共同規範。

一、教義判準

因為上帝在耶穌基督裡的啟示(約 1:18;來 1:2),基督教會持守三一神論、基督論與救恩論三大教義:

1. 三位一體的上帝

基督教繼承猶太信仰傳統,傳講除耶和華,別無他神的「獨一真神」信仰(弗 4:5-6),然而聖經也教導拿撒勒人耶穌是主。新約聖經之見證是基督是——應當敬拜的對象(約 10:18,9:38,可 2:10-12),卻不是父上帝(可 1:9-11),又有聖靈是「另一位」保惠師(約 14:16),欺哄聖靈等於欺哄神(徒 5:3-4)。所以,可以簡單地說:父是神、子是神、聖靈是神;父不是子、子不是聖靈、聖靈也不是父;然而只有一位神,不是三神;只有一位主,不是三位主。只有一位神,永恆顯現為三位格,三位同榮、同尊、同永恆。教會使用「三位一體」這個詞,

是不可言說的言說,在表達這個無法表達的奧祕。我們讚歎上帝的偉大!

2. 道成肉身的基督

聖經的見證是耶穌經歷過人生的一切,包括受試探,與我們相同,只是沒有犯罪(來 2:11-18,4:15)!另一方面,聖經也見證耶穌是先存的(約 1:1-3,8:58),有與上帝同等的權柄(可 2:10-12,約 5:23,10:18, 30)。大公教會用「道成肉身」這個詞彙來表達耶穌基督既是完全的人,又是完全的神;就神性而言,耶穌基督與上帝完全相同,就人性而言,耶穌基督與我們完全相同。神人二性,合成一聖子位格。這是另一個無法解釋的奧祕,我們必須謙卑地接受聖經的見證。

3. 救恩完全是恩典

基督教所傳講的救恩,是一個動態的過程:本於信,以至於信(羅 1:17)。救恩的範圍是全人(body-soul-community)都要救贖與更新。救恩的終極目標是天上地下一切所有的,要在基督裡同歸於一(弗 1:10)。然而,這一切都是上帝做的,也是上帝白白賞賜給願意信耶穌、接受耶穌基督是主的人。任何人為的努力、善行都不構成功德,在歸正、稱義、成聖這些救恩

的事上一點也沒有價值。（羅 3:20-24；加 2:15-21；弗 2:5-10）我們謙卑地領受上帝的恩典。

以上三項教義是基督教的根本核心教義，凡講道或教導同時符合這三條的，即具有教義的正統性。基督教會必須在這三項基要的信仰上一致。若有人講道或教導違背以上三項核心教義中的任一項，就不具備正統性（也就是異端）。

為什麼是這三項？能不能多一、二項？例如，把某一種聖經默示教義、某一種對「稱義」的理解也放在「基要」教義裡？這裡，有很多方面要先考慮：首先，每多加一項，就會有一些自稱是基督教會的被排除在外，「正統」基督教會的範圍就會小一點。第二，把這幾項教義作為「基要」的神學根據是什麼？第三，二千年教會歷史支持這樣做嗎？這是大公信仰的表述、或只是某一教派的門戶之見？保羅勸誡教會要「凡事謙虛」，當然包括在知識方面的謙遜，任何人不能有自以為已掌握最後真理的傲慢態度。

聖經中還有一些教訓，也很重要，但是在救恩的事上不具決定性作用，稱為「次要」，例如：恩賜的運用、教會的治理、禮儀的方式等。在這些事上，聖經容許有不同程度的差異，所

以教會要小心處置，更要學會寬容。還有一些事情，在聖經中微不足道，比如說：聚會要在白天或是晚上舉行、每次講道應該多長、怎麼唱詩歌等等。

二、倫理判準

除大公教會的教義判準之外，我認為該加上倫理判準（參弗 4:1-7）。倫理的判準在於鑑定一個思想或教導是否能培育合乎真理的敬虔。任何宣稱是基督教的教導必須勸勉人去做聖經所明文鼓勵的、警戒人不得去做聖經所明文禁止的。凡合乎倫理判準的教導是善良、有益的；違背倫理判準的教導是邪惡、有害的。至於介於「明文鼓勵」與「明文禁止」之間的灰色地帶，則需分辨是否鼓勵人榮耀基督、結出聖靈的果子，勸勉人成為愛神、愛鄰舍的人。這整個過程，其實就是在「察驗上帝的旨意」，Frank Rogers Jr. 所提的檢驗「屬靈」與否的標準值得參考：

1. 對聖經與傳統忠實（申 13:2-6；加 1:6-9；約壹 4:1）。
2. 聖靈的果子：是否幫助個人或群體培育出聖靈的果子？
3. 內心的平靜與篤定：謙卑地省察自己之後的確信與把握，但願意隨時接受糾正。
4. 群體的和諧（約 17:23，徒 4:32）。

5. 使生命更豐盛。

6. 在整個過程中保有基督徒的誠信。[1]

總而言之，當一個信仰群體的教導同時合乎教義判準與倫理判準的，是在傳講純正的福音；若是違背教義判準（異端）或倫理判準（邪惡）的，即是偏離聖經，另傳一個福音（加 1:6-7）。教會需要小心分辨，也要以溫柔的心來處置。所以，教會得學會「在基要的事上要合一，在次要的事上要寬容，在一切的事上要相愛。」

擁抱差異

從以上大公信仰的判準來看，性倫理甚至是婚姻觀在督教神學與倫理上只是小議題，實在不值得大做文章，可惜的是，當前眾教會對此議題的立場與態度不一致，卻又缺乏彼此聆聽的雅量。

那麼，我們如何對待與自己立場不同的人或信仰團體呢？首先，先從三大核心教義來察驗：這些人的信仰與大公信仰一致嗎？如果是一致的，那麼，這樣的人或團體，即便讓人痛

1　Frank Rogers Jr. , "Discernment," in *Practicing Our Faith*, pp.105-118.

苦，卻仍是我們的弟兄，大概是「浪子兄弟」吧，自詡為愛上帝的基督徒群體，莫把弟兄當敵人。應仍把弟兄當弟兄，無論他外貌、想法、價值觀、生活型態跟我們差多遠。

想想該隱吧，因而罪惡俘虜了他，使他把弟兄當敵人。而基督的福音正好逆轉人性的敗壞，將敵人轉化成弟兄。當基督群體以十字架眼光將焦點從「議題」轉到「人」，使我們看見一幅完全不同的圖像。因此，總要給人留出路，一條悔改之路。這過程會很痛苦，不但得先處理自己的厭惡情緒，又會發現自己隱藏的惡而必須存心忍耐、盼望上帝的救恩。這是靈性的淬煉。

教會的現況極不完美，某部分較為光明，某部分似乎比較幽暗，按照神學、釋經、與倫理來看的確是不合宜的，然而，使萬事互相效力的上帝仍然運行於教會中，使這個不斷犯錯的教會，竟然成為真理的管家與柱石，叫人不得不讚歎上帝的偉大！

下圖是朋友所做的基督苦像馬賽克圖像，對我意義深遠。

每個基督徒是這幅圖像裡的一小片，某些人聚集成為一個地方堂會，然後又與其他部分相連。雖然某些部分很幽暗，叫人厭惡，然而，基督徒既然是和好的使者，不只叫萬人與上帝和好，也在自己內部先尋求和好。這不是在信仰上妥協，而是以謙遜的態度將萬事交在上帝手中，如此，教會在上帝手中仍然可以叫世人從這群不完美的人身上，看見基督的面容。不完美的教會，竟然成了超越者的聖像，使得教會在哪裡，基督就在那裡，這是何等大的神蹟呢！

福音解構權勢

基督教是個重視「傳福音」的團體，因為聖經教導我們，要關心每個人從以前到現在、一直到永遠的真正需要。然而，提到傳福音，會讓你想到什麼？（我們對「宣教」的想像是什麼？）「演唱會模式」？或是「推銷員模式」：到街上攔下路人甲，或三人一組拜訪朋友的朋友，或是對著一群人演講（佈道會），將一套事先由聖經中提煉出來的精華「信息」——像是「屬靈四律」或「神人罪恩信」等——傳遞給聽者，並期待對方能耐心聽完，過程中也不要發問打岔。講完之後，要求對方立即回答事先設定好的問題：「是否願意接受耶穌為主」？

這套預設了「即刻開悟」的權威佈道法，雙重去脈絡的運用經文，禁不起釋經檢驗。教會，需要基於自己的信仰理念，應對自己的言行舉止深入檢討了。

福音就是好消息。是的，然而重點是，好消息為什麼是「好」消息。初代教會選用「福音」（euangelion）這個詞彙，來說明耶穌這個人，以及祂所成就的事，而稱呼自己的行動為「傳福音」。這個詞彙是當年政府宣布法令時用的，典故似乎與古希臘的馬拉松戰役有關。當時希臘聯軍去抵禦波斯帝國的進犯，希臘眾城邦的命運繫於此戰役的結果，因此雅典城人民焦急等待。當希臘聯軍終於戰勝入侵者時，戰場指揮官派了傳令兵連奔 42.195 公里回雅典報捷：我們打勝仗了！因傳令兵所傳福音，全國人民欣喜若狂。

這樣，基督在十字架上為我們受了刑罰、平息了上帝的怒氣、遮蓋我們的羞恥、洗淨我們的污穢、釋放我們脫離奴役的權勢，從此，改朝換代了，舊世界已經廢除，新次序已然建立。

接下來的問題是，耶穌的好消息是給誰的？猶太人、敬虔人，還是所有人（萬民）？這需要先釐清耶穌在十字架上打敗了誰，幾處聖經經文提供我們亮光。

歌羅西書 2 章 15 節：「基督既將一切執政者、掌權者的權勢解除了，就在凱旋的行列中，將他們公開示眾，仗著十字架誇勝。」歌羅西書 1 章 16 節這樣說：「無論是天上的、地上的，能看見的、不能看見的，或是有權位的、統治的，或是執政的、掌權的，一概都是藉著他為著他造的。」（和合本 2010）

另外，保羅在監牢裡寫以弗所書，請求教會代禱，使他能以放膽開口講明福音的奧祕，因為有個強大的力量試圖以鎖鏈叫他恐懼而閉口不言，保羅心知肚明敵對勢力十分強大，不是用刀劍可以處理的，因為那些是「執政的、掌權的、管轄這幽暗世界的，以及天空屬靈氣的惡魔。」

這些執政、掌權的是誰？許多解經家認為，保羅是在講天上的星宿、小亞細亞地區異教神明譜系。這些經文的確會讓人直覺以為「執政掌權的」是魔鬼一幫。但是，請再看幾段經文：

「你要提醒眾人，叫他們順服執政的、掌權的，要服從，預備行各樣善事。」（多 3:1，和合本 2010）保羅要求提多、提摩太要教導教會「順服執政掌權的」。

同樣的詞彙！

這樣，保羅所描述的那個具備超強摧毀能力的執政掌權者，是指人類世界的結構性邪惡，原本該事奉上帝的，卻墮落後自稱為主宰，聖經裡又稱為「權勢」，以巴比倫、埃及、羅馬帝國作為焦點象徵與代名詞，是恐怖的怪獸。

讓我們回到聖經史觀。整部聖經，就是耶和華與偶像崇拜對抗的歷史（參考萊特，《宣教的上帝》）。第一世紀的教會深切明白，帝國的宰制是他們每日生活的實況，透過政治力、經濟力、教育、媒體、社會結構、宗教各種管道來主宰人類生活的每一面，使人有知覺、或無知覺地效忠於帝國。然而，基督在十架上打敗了一切的權勢。

因此，所有人，都是罪惡權勢之下的俘虜，然而也是所有人，都能因耶穌的勝利而受益。其他宗教信徒，不是基督戰爭的敵方，而是有待救回的俘虜。

所以，基督徒「傳福音」就像馬拉松戰役之後，那位受命報好消息的傳令兵的宣告：基督已經得勝，就快要班師回朝了，大家趕快預備好，去迎接王者再臨！

III. 見證／福音破除國族偶像

福音破除國族偶像

　　2023年的待降節期不太平靜,除了地緣政治的紛擾不斷,致使許多人民在暴力衝突中受害外,台灣在中共軍事威脅與認知戰的侵擾下即將舉行大選,選舉結果必然牽動眾人的敏感神經。究竟中華民國／台灣／中華民國台灣何去何從?不少人擔憂是否會亡國。然而,擔心會亡的,是哪一個「國」呢?國族認同直接牽動每個人的情感、切身利益與現世的福祉,當然引人關切,也因此具有強大的選舉動員力。筆者只是一介窮到只剩下選票的基督教左派小老百姓,期待社會能邁向人權保障,促進和平與公義降臨人間,使得國與國無戰爭,民也不攻打民,

人人能平靜地享受「坐在自己的無花果樹底下」的日子,所以,大選如何投票已有定見,但對於國族的想像,近幾年筆者不斷回到基督教信仰來思索這個問題,目前有了些許不同於以往的看法。

直面國家崇拜

將統治者神格化、國族神聖化,而形成一套帝國意識形態,似乎是人類歷史以來的共通現象。聖經創世記敘述上古時期的巴別典故,那時世人彼此商量,說:「來,讓我們建造一座城和一座塔,塔頂通天。我們要為自己立名,免得我們分散在全地面上。」看起來,一個中央集權政體正在形成,因而能集中科技、資源與人力,投入超大型建設計畫。那麼,這座與天相通的廟塔一旦完工,會宣揚誰的名?是那些每日無止盡燒磚砌城的無數底層工人的名嗎?當然不是,而是統治者的名!人類活動引來上帝的行動。聖經以反諷的筆法描述耶和華降臨,來查看人類確實做了什麼,當人自以為能通天,天上的主說:「來,我們下去,在那裡變亂他們的語言」。神聖的干預阻止了一場奴役體制的建立。

埃及、亞述、巴比倫、波斯這些帝國的更迭，在以色列先知的筆下如同巨獸利維坦相互傾軋，即便是以色列的王室，所羅門王威名遠播四方來朝的輝煌，也是偶像崇拜的政治宣傳包裝。羅馬奧古斯都封神，以軍事力量建立羅馬太平（Pax Romana），然而，羅馬和平女神的神殿，是以奴隸的勞動與士兵的鮮血在維持的。在這樣的背景中，啟示錄十三章描述了「邪惡三一」的恐怖景象，那時，魔化的羅馬帝國的海軍（海獸）征服亞細亞，將其帝國崇拜延伸至所有統治領域領內，而亞細亞省地方官員（地獸）為向皇上表忠，便強力實施，在城內豎立皇帝雕像令全城祭祀，不從者將遭受其嚴厲的社會制裁，基督徒因不拜偶像而受害者眾。這是第一世紀教會生活的日常。

不僅羅馬和平女神是以士兵的鮮血來獻祭，中華帝國也不遑多讓。杜正勝院士在〈中國是怎麼形成的〉中談到，從春秋的封建城邦開始，大國崛起都是以武力征服各邦，然後派官移民統治，繼則文化改造，最後形成一個以帝王為中心的天下秩序：

「嬴秦完成統一帝國後，中國大地只有一個國家，只有一個絕對權威的皇帝，透過一個中央政府和二或三級地方政府而統治廣土眾民。帝國治下的齊民耕田納糧，提供政府無償勞動，並且服兵役以保衛政權。農戰便成為政權存在的兩個絕對

要件,這種國家形態歷經秦漢以下無數朝代,基本上延續到今天。[1]」

這樣,所謂秦漢盛世,透過編戶齊民政策,實施經濟調控,以及各種思想與價值觀之灌輸,非常成功地打造出中央集權的帝國。

筆者想起以前中學歷史課本裡談到,秦始皇焚書坑儒,非常邪惡。雖然這事件本身還有待歷史考證,秦始皇的歷史定位也有不同看法,但焚書坑儒故事流傳,影響深遠。秦始皇帝焚哪些書、坑殺哪些儒呢?書上是這麼寫的:卜卦種樹的留著,政治思想的燒了。也就是說,人民可以努力學習科技醫學與算命,但那些知道政治問題、懂得問問題的學者被殺了,其他人就會全部噤聲。從此,人民百姓,只是生生不息的韭菜,為國

---

[1] 杜正勝,「中國是怎樣形成的?」於《古今論衡》第39期(2022年12月),連結:https://www.google.com/url?sa=t&rct=j&q=&esrc=s&source=web&cd=&cad=rja&uact=8&ved=2ahUKEwi5_oyS4ZuDAxVDkVYBHfX5C_oQFnoECA4QAQ&url=https%3A%2F%2Fwww1.ihp.sinica.edu.tw%2Fstorage%2Fpublish3L%2F39-1.pdf%3Ffbclid%3DIwAR0Fo9sczG7YmZX-VhsBRhQiVKcP62f1Z5yy-D4gONtAbkO9ZD8yayus1gM&usg=AOvVaw1cEs7BIINSHGLEJA0jsbn0&opi=89978449 下載日期:2023年12月19日。

家繳稅服勞役，必要時可割可棄。如此說來，中國人的悲哀，就是大一統得太早。

台灣雖民主化三十多年，但中華帝國不死，且以一種更隱微的方式，滲透生活的所有細節，幾乎宰制了每個人的腦袋，只要觀察台灣的教育、社會氛圍與價值觀便可了解。有所謂的學者發問：「人文學科有什麼產值？」學生努力進醫學系、電機系、生物科技，大家努力搞工程、研發技術發大財。或者考國考，生活安定有保障，也不用思考明天做什麼吃什麼，反正法老王——社會體制——已將一切安排妥當，退休後還可活得越久，領得越多。

再看看國慶日與忠烈祠，國家崇拜的圖騰活畫在眼前。台灣如同其他國家，以極高規格慶祝國慶。國家法律明訂這天是國家的假期，慶典由立法院長主持，而總統的國慶演講或文告是重大政策的宣示，各類慶祝節目繁多，甚至還有飛彈、戰機等新式軍事武器的展示與軍隊分列式遊行。試想，這些慶祝「國家生日」的禮儀，宗教味有多濃呢？

台北的忠烈祠是一座仿北方宮殿式建築，面積 1,800 平方公尺，高 26 公尺，屋脊裝飾有仙人及七隻走獸的雄偉建築物，現

已成為熱門觀光景點。國家元首，無論是佛教徒、道教徒或基督徒，都必須在每年春、秋祭典帶領五院院長及文武百官在那裡獻花致敬。

那麼，這座建築物在表達什麼？「祠」者，祖廟也，裡面所供奉的「國民革命先烈」，其實就是國家崇拜的忠信「眾聖徒」。國家的祭典，在宣示全國人民留心這些人為人的結局，效法這些雲彩般見證人的德行。其實不只是台灣有忠烈祠，日本也有靖國神社，美國有阿靈頓公園，韓國有顯忠院……骨子裡都是一樣，就是國家崇拜的主教座堂！

這樣，有聖禮、聖地、聖典與聖徒，「國家」成了賦予人生的意義神明，並透過語言、教育、媒體、生活制度、社會結構、民俗曲藝等模塑愛國情操，使人民為之生、為之死，國家則以金錢與名譽回報。（突然想起年輕服兵役時常聽見的喊話：好好幹啊，國家不會虧待你！）

吾人必須捫心自問，國族既是一個想像共同體，乃是人為建構，那麼，它是巴別抑或上帝的聖殿？它想要榮耀誰的名呢？

福音解構王權

　　基督教對國家的地位有完全不同的想像。新約聖經裡好幾次提到「執政的、掌權的、主治的、有能的」，是奴役人的強大力量。這些字面意義是天上星辰、或各級神明的亞細亞宗教術語，到底指涉何物，學者有不同意見。一方面，這些可能是撒但的組織，偽裝成各路神明；另一方面，保羅可能是以擬人化的方式描述罪、律法與死亡，強調它們對人類的宰制力。這些敵對上帝的權勢，以巴比倫、埃及、羅馬帝國作為焦點象徵與代名詞，也就是紐畢真所說的「王權」。無論它們是誰，耶穌已經解除了它們的武裝。

　　以下扼要梳理幾段經文。首先，路加福音記載在耶穌名聲傳遍四方之後回到拿撒勒會堂參加安息日聚會，要誦讀以賽亞先知的書之時，祂就打開，找到一處寫著：

「主的靈在我身上，因為他用膏膏我，叫我傳福音給貧窮的人；差遣我宣告：被擄的得釋放，瞎眼的得看見，叫那受壓制的得自由，報告上帝悅納人的禧年。」（路 4:16-19）

　　耶穌似乎不是誦讀當日聚會排定的經課，而是自己另外「找」的經文，以至於會堂裡的人都盯著祂看，要聽耶穌如何解

釋。然後耶穌對他們說:「你們聽見的這段經文,今天已經應驗了。」祂宣布「上主的禧年」啟動了。這原本該是以色列人的大好消息,但是,耶穌的講道卻抵觸了當時加利利人「猶太民族偉大復興」的愛國情懷,差點就被家鄉人處死。

羅馬書 13 章 1-7 節的用語「在上有權柄的,人人要順服」,表面上勸告教會信徒們要遵守羅馬帝國的法令,無條件地順從政府,但卻暗藏顛覆因素。按照當時的社會背景,教會在羅馬帝國的處境毫無話語權,況且羅馬的猶太信徒才剛經歷被該撒革老丟下詔驅逐,直到皇上駕崩、新皇登基後才得返家之痛。因此,身居天子腳下的弱小基督群體,無能力也不需要跟帝國正面直接衝突。然而,基督徒要順從政府的神學理由:「因為沒有權柄不是來自上帝的。掌權的都是上帝所立的。」這句話皇上若知道了,可能不會太高興:難不成在這個公認如神一般的該撒是主、一切恩惠平安從他而來的世界裡,還有一位更大的?是的,基督教認信耶穌才是真正的恩主公。

因此,帝國的官員自認為掌握司法、有權刑罰受統治的人民,也能按自己的意志任意徵稅。然而,在使徒的眼中,賞善罰惡、維持社會治安的官員,其實是上帝的僕役、在為上帝工

作。這樣,基督徒們身為上帝的管家,透過納糧繳稅的方式,發薪水給上帝家的僕人,也是理所當然的。因此,「繳稅也是出於良心」。如此,基督的福音解構了帝國的意識型態。

耶穌基督釘十字架,是上帝對人類世界的邪惡之終極回應。「基督既將一切執政者、掌權者的權勢解除了,就在凱旋的行列中,將他們公開示眾,仗著十字架誇勝。」(西 2:15,和合本 2010)帝國眼中的政治犯,已經取得終極勝利。上帝正在使萬事互相效力,使祂的子民得益處,至終要將天上地下一切所有的,在基督裡同歸於一。

教會的見證

基督徒受洗時告白「耶穌是主」,就是把國家、家庭、金錢、名位都臣服於基督的主權之下,亦即該撒不再是主了,這已經是天國版的公民抗命。因此,「國家」不應該成為議題,上帝國才是!對於在世生活中的族群、國家認同、政黨傾向等等,要謹慎維持著批判的距離。國家、政府、政黨、政制,無論民主或封建制度,都是「政治工具」,而非效忠對象,政治人物會像影藝圈與宗教界動輒以種種手法「圈粉」,但我們該關注的是政策,是否引導整個社會朝向共善,成為更好的社群。

此外，基督教有一種國宴，不是君王展示權力，而是恩典與分享，因而是聖餐。每主日定期聚集敬拜，形同周而復始的示威，延續二千年在昭告天下「這是主耶和華大而可畏的日子」，罪與邪惡不再作王，已經改朝朝代了。

帝國的政治標榜英雄，遊行展示雄壯威武，但上帝的政治推崇聖徒，基督教因而有另類遊行，不是展示殺人兵器，而是展示和平的復活盼望。

基督徒難免受試探——可以不必太認真效忠基督，既能享有世上萬國的榮華，又保有天堂的座位。然而，基督徒的力量確實可靠，是由於上帝已經掌權了，因為國度、權柄、榮耀，都是祂的，一直到永遠。

願聖靈每日保守引導！

直到地極

　　宣教學上有幾處經文影響了教會的思維與策略，除了被稱作「大使命」的馬太福音的結尾之外，另一處是使徒行傳 1 章 8 節：「但聖靈降臨在你們身上，你們就必得著能力，並要在耶路撒冷，猶太全地和撒馬利亞，直到地極，作我的見證。」歷代教會作為使徒行傳的讀者，「如何」了解地極，就決定了「何」為地極傳福音，然後就會差派人往那個地極。教會是活在這個釋經效應歷史裡的。關於「地極」有以下幾個可能的解釋。

地理觀點

以耶路撒冷為中心，向外擴散，一直到「世界的末了」，教會要將福音傳遍空間上最遠的地方。聖經上有個例子：保羅想要去西班牙便寫了羅馬書，想請羅馬教會支持他往西班牙的宣教行動，但一直沒去成。由此可知，當時保羅心目中的地極是西班牙。使徒們很可能以為在他們有生之年尚未達到而深感遺憾。從地理觀點而來的宣教實踐，就是差派宣教士往最遙遠的地方去。然而後代教會發現，西班牙不是地極，大西洋之外還有更遠的土地，新大陸之後是更寬闊的海洋。十五、十六世紀地理大發現使得「直到地極」有新的意義，因為地球是圓的。

當代華人教會「回到耶路撒冷」運動是這樣思維下的產物，地理的「地極」在近代修正了，因為地球是圓的，起點就是終點。更麻煩的是，「中國是福音最後一棒」隱含特定的歷史意識，看待二千年教會的發展，為一個線性的、從猶大、敘利亞、希臘、羅馬、歐洲、北美，越過太平洋到亞洲的過程，這其實是美國教會的在地歷史；又訴諸於民族情緒來推動宣教，而非以神學來主導，恐怕會成為文化的跨國主義，這就不是太好了。

從地理觀點來看，直到 21 世紀的現在，教會還沒完成當初耶穌所吩咐的使命。

文化觀點

不以地理觀點來理解使徒行傳 1 章 8 節，而是以文化圈來理解耶路撒冷、猶太、撒馬利亞，以及「地極」的意義。福音要從「中心」往外穿透文化界線，跨越同文化、近文化，到異文化傳播。英國教會歷史學家 Andrew F. Walls 的名著 The Missionary Movement in Christian History 即是從文化際觀點看待福音的意義，主張基督教能夠「翻譯」成不同文化，並以此疏理教會發展歷史的脈絡。從此而來的宣教實踐的關鍵字，就是「跨文化」，因此有 M0、M1、M2，同文化、類文化、異文化的各種策略發展出來。這是目前教會的主流思維。從這觀點來看，至今世界仍有「未得之民」，福音仍未到地極。

上帝政治觀點

鮑維鈞認為使徒行傳 1 章 8 節是在回答門徒們的提問：以色列的復興。耶穌引用了以賽亞書 49 章 6 節，他說：「你作我的僕人，使雅各眾支派復興，使以色列中蒙保存的人歸回；然而此事尚小，我還要使你作萬邦之光，使你施行我的救恩，直

到地極。」（和合本 2010）

鮑維鈞牧師因此提出「上帝政治」（theopolitical）觀點，指出使徒行傳這一段是論到「以賽亞式的新出埃及」（Isaianic New Exodus），用以色列國的故事來說明上帝重建上帝子民的三階段：

1. 救恩臨到耶路撒冷，（從耶路撒冷）
2. 以色列的重建與統一，（猶大全地與撒馬利亞）
3. 外邦人要納入上帝的子民中。（直到地極）

我想，鮑老師說對了。萊特在《宣教中的上帝》提到，舊約時代就有外邦人成為以色列的例子，迦南七族之一的耶布斯人，被整合進入以色列，成了大衛家的一份子。

的確，路加書寫使徒行傳時，未記載後來彼得去了哪裡，也完全沒記錄其他使徒的行蹤，安提阿教會其他（往東）的宣教行動也完全未提，反倒以後代人看來似乎沒有結尾地結束了這封書信，「保羅都接待他們，也沒有人禁止。」也就是說，保羅以帝國囚犯的身分被押解到羅馬時，福音不被捆綁、反倒傳開了，上帝的主權透過保羅以及他所屬的彌賽亞群體彰顯出來。在路加的敘事中，這件事象徵著福音傳到了地極，也就是

說使徒行傳 1 章 8 節完全實現了,因為羅馬是當時世界權勢的中心。羅馬是帝國首都,該撒的居所,正是對抗上帝的權勢「該撒是主」的象徵。然而,上帝才是全地真正的主,耶路撒冷是聖殿所在地,敬拜上帝的中心與象徵,宣告「耶和華是主」之地。[2] 這樣的新眼光應該能引導我們看見天國新願景,翻新我們對宣教的想像。

由此而來的宣教實踐的重心,是「將各樣的計謀,各樣攔阻人認識上帝的那些自高之事一概攻破了,又將人所有心意奪回,使他都順服基督。」(林後 10:5)這是場屬靈戰爭,即是福音的戰爭、以善勝惡的搏鬥,戰場是人的心思,是效忠上帝與效忠帝國的對抗。當今教會面對的「帝國」有各樣變種類型,包括以光明面貌出現的豐盛富裕的資本主義、令人熱血賁張的國族主義、輝煌騰達的成功人生、眾人稱許的自我感覺良好等。無論在遠處或在近處,在何種文化圈滋長、傳播,十字架必要攻破、瓦解這些權勢。

---

2 曾思瀚,《耶穌的群體》(台北:校園,2013),536-540 頁;貝萬斯、施羅德,《演變中的永恆——當代宣教神學》(香港:道風,2011),32 頁。

結語

　　教會需要以神學主導的歷史意識—歷史意識使我們知道自己是誰、我們如何記得我們的過去—才能確認現在正在做的是正當的。教會需在「他」的故事裡找到自己。從使徒行傳來看，我們就是地極！現在就是地極！

他山之石
——從一貫道道親的求道經驗反省基督教的皈依神學

一、引言

宗教皈依（或作改宗、改教、歸正，religious conversion）是人與神對遇的特殊經驗，涉及此人的情感、認知、價值，以及整個人生轉向。然而長久以來，華人教會從個人主義觀點視皈依為具有內在線性邏輯之單一事件，在那特殊時刻個別新進者因認罪而得救，由此衍生之宣教實踐就是「佈道行動」，而「傳福音」意味著基督徒個人的宣講活動，無論是對著單一聽眾，或一大群聽眾。因此，基督徒受鼓勵去講論某一些從聖經

中抽取出來的經文片段給非基督徒聽,然後隨即要求對方公開作一明確的抉擇(所謂的「決志」),即使對方是第一次聽聞此等信息。這樣的作法並不完善,因為它未嚴肅看待人類的經驗面、忽視了宗教傳播時的社會文化情境,以及福音傳播的後續影響。[1] Hexham 甚至主張人們之所以會信仰某種宗教,乃是受到某種突然、意料之外的深刻「超自然」經驗的催逼,因而選擇加入特定宗教。[2] 基督徒必須嚴肅面對此一缺失,以嚴謹的方法探討宗教皈依之經驗面向,這是神學上的應然。

今天討論一貫道信徒的宗教皈依經驗,因為:

1. 以嚴謹的社會科學方法檢驗基督徒的「得救見證」是神學上的應然與教牧實踐上的實然,即便可能犯教會圈內「政治不正確」之大不諱也應投入,但敝人目前尚未取得足夠的基督徒的皈依經驗的資料,需留待下一個研究案再處理。

---

1 Smith, Gordon T. *Beginning well: Christian Conversion and Authentic Transformation*. Downers Grove, IL: InterVarsity. 2001. p.16. Belzen, Jacob A. "Religion as Embodiment: Cultural-Psychological Concepts and Methods in the Study of Conversion among 'Bevindelijken.'" *Journal for the Scientific Study of Religion* 36, no. 2:(1999) pp.236-253.

2 Hexham, Irving, and Karla Poewe. *New Religions as Global Cultures: Making the Human Sacred*. Boulder, CO: Westview Press. 1997. p.123.

2. 鑑於新興宗教（new religious movements）的興起已是普世的現象[3]，戰後的台灣經歷重大社會變遷，許多宗教天才找到新方法整合傳統文化價值與現代化，許多新團體矗立在台灣的宗教市場上，成為基督教的新挑戰。新興宗教的一個顯著特徵是他們適應社會變遷的能力。[4] 因此之故，正如 Wilbert Shenk 所說，新興宗教是「神學處境化的活實驗室」（living laboratories of contextualization）[5]，而一貫道是這些宗教團體中相當成功的一支，其文化調適能力極佳[6]，可謂神學處境化實驗室之漢人樣本。藉由討論一貫道信徒的宗教皈依經驗，將有助於基督教會反

---

[3] Lewis, James R. "Overview". In *The Oxford Handbook of New Religious Movements*, ed. James R. Lewis, 3-15. New York: Oxford University Press. 2004. pp.3-4; Hamilton, Malcolm. *The Sociology of Religion: Theoretical and Comparative Perspectives*. New York: Routledge. 2001. p.252; Dawson, Lorne L. *Comprehending Cults: The Sociology of New Religious Movements*. Second edition. New York: Oxford University Press. 2006. p.2.

[4] Dawson, Lorne L. *Comprehending Cults: The Sociology of New Religious Movements*. Second edition. New York: Oxford University Press. 2006. pp.11-13; Hexham and Poewe, pp.91-92.

[5] Shenk, Wilbert. "The Contribution to Missiology of the Study of New Religious Movements". In *Changing Frontiers of Mission*, 69-84. Maryknoll, NY: Orbis Books. 1999, p.78.

[6] 宋光宇，《宗教文化論文集》。宜蘭：佛光人文社會學院，p.92。

省其神學處境化的理論與作法,據以調整宣教策略。由此言之,新興宗教不只是基督教會尚未清償的帳單,也可以是教會的未來。

二、皈依經驗分析

一貫道是一個自覺的三教合一的宗教團體,以「無生老母」為核心信仰,其基本教義還包括三天宇宙論、三期末劫、以及明師一指等等。一貫道初到台灣時只有少數幾位信徒,在國民黨當政時也被查禁,直到 1987 年才合法化。然而,一貫道在台灣仍發展極為迅速。[7] 僅一個世代,一貫道已成為擁有數十分支的龐大教團,信徒人數超過百萬。[8] 以此數據來說,一貫道堪稱為全台灣最大的宗教團體之一。

筆者以「半結構化」的深度訪談為主要的田野研究方法,以瞭解一貫道道親如何理解自身的皈依經驗,以及一貫道教義與宗教活動對他們有何重要性。在十四位受訪者當中,一位出生於道親家庭,從小跟著父母在一貫道環境中長大,三位在青

---

7 Lu, Yunfeng. *The Transformation of Yi-guan Dao in Taiwan: Adapting to a Changing Religious Economy*. Lanham, MD: Lexington. 2008, pp.53-59.
8 宋光宇,《天道傳燈:一貫道與現代社會》,2 Vols. 台北縣:正一善書出版社,p.564。

少年時期與父母一同入教,其餘的是在成年後個別入教。入教的理由各有不同,有些是為了心靈上的因素,有些是為了社會性的理由。

有幾個主題在訪談者的敘述中浮現,「智慧」是其一。許多受訪者描述他們的智慧「被打開了」的生活經驗,比如說,一對夫婦自修一些比較艱澀的佛經,他們說這些佛經很難懂,他們卻能讀懂,其中一位解釋原因:「這是不能違背良心的,很多是因為我們求了道才看得通的,這要講良心話。如果你沒有〔求道〕看法不一樣。求了道了,看那些經典就不一樣。」(fieldnote F1)

他們承認求道之後,他們解釋經書、理解人生有一種未求道之人所沒有的新眼光,當他們能夠以一貫道的知識架構來解釋人生的意義時,他們覺得「智慧被打開了」,能夠看穿一切的事!這樣,他們的「智慧經驗」成為他們已然得道的強而有力的證據。

許多受訪者提及,在他們決定入教一事上,友誼是一項重大因素,正如一位資深道親說:「有文化的人,什麼事都要想很多,考慮很久,但我們沒文化的人,不用考慮,相信朋友就求道了。」(fieldnote F3)另一位女士坦承她入教之時對道毫無概

念,但因認識佛堂的領導人,就入教了,她說:

> 我就覺得她這個人很好,不像其他人很商業、很市儈,她很和藹可親,一舉一動、跟我們講話都很有修養、很有內涵……有一天我在街上碰到她,……她說,「我們有一間佛堂,那一天吃素,你們要不要過來?」我就說好啊。我姊姊、我媽媽,我們三個人就來,那裡面很多人,很熱鬧,看到他們很多人,都很好,做了很多素菜,我們見都沒有見過,整個氣氛很好,而且很溫暖。吃完飯後就跟我們講天道,我心裡想,這個人這麼好,我們平常已經有接觸過,無論她是怎麼樣,我們就跟隨她。我是這種心態求道的。

(fieldnote F10)

佛堂中的友誼也給予人歸屬感,吸引他們持續參與佛堂的活動。佛堂裡的活動主要是各類道理研究班,每一次聚會時,研究班占用最多時間,至於研究班所教導之內容,包括重申一貫道核心教義的邏輯以及求道的益處,然後是鼓舞修道、行道的勸勉。另一個主要活動是燒香獻果等崇拜禮儀的實施。有二位受訪者明確表示,他們脾氣習性改善了,是參與禮儀的結果。其中一位說:「我按理說,是那種直的人,脾氣比較燥的,

很容易發火,但是到佛堂一獻供的時候,自己就好像很莊嚴,然後就不會計較了,很尊敬,就好像有仙佛真的在我們的佛堂的感覺,很尊敬,然後呢,心裡也很平靜,沒有一些浮躁的感覺了。」(fieldnote F6)此外,在個別互動當中,道親也時常交換彼此信仰的經驗,因此,參與佛堂的活動不只增加道親家庭之外的社會聯繫,更使他們接受到更多一貫道教理得薰陶。也就是說,佛堂提供了情感上的滿足與社會性聯繫。因此,若無相當程度的佛堂參與,這些人不太可能成為道親。

這些道親的皈依敘事浮現出一個共同模式,即所有受訪者對一貫道的瞭解,以及他們對一貫道的委身在入教時都極為有限,甚至入教一段時間之後仍是如此,多數人明確的承認這個情形。一位受訪者如此說:

> 我跟你說,十個有九個半,都是蒙查查的求道,都不是像書本上說,我是什麼什麼要來求的。我自己就是蒙查查的,那時候叫我求道那個人叫我去,我不去,我說我要去聽音樂會,她就說拜託拜託,好吧,就去看。這也是要講緣份,那個佛堂我一進去,就覺得很舒服,很清靜,不像那些廟宇都是煙啊,很光亮、很清靜,那個佛堂一看就很舒服,很喜歡,這是緣份,

> 那時也不知道求什麼道，什麼三寶，不知道。求完也不知道，我跟你講，真的是這樣。（fieldnote F1）

然而，只要他們持續參與佛堂活動，在他們心中發生某些變化，啟動了他們對一貫道的信賴與認識。在佛堂的活動當中，研究班似乎是最重要的，十位受訪者明白地表示「聽講道」是他們瞭解一貫道義理最主要的管道。從第三者的角度觀察，這一群受訪者對一貫道的知識與委身程度，與他們參與這一個信仰群體的時間成正比，他們一開始是迷迷糊糊的，但是後來在某種程度上，都變成了委身的信徒。

顧名思義，經驗論述是個別作者對先前經驗的描述，論其本質，這些論述都是解釋性的，因為都是作者自己的「後經驗敘事」，涉及從先前錯綜複雜的事件中選擇敘述者已理解、對敘述者本身有意義、且已經發揮影響力的資訊。因此，「得救見證」等經驗論述都是建構出來的。許多學者指出，新入教者通常會模仿資深信徒的見證，來敘述他們自己信仰的經過，以符合該信仰團體的期待。[9] Dawson 因此提出一個方法論上的質疑，他說：「我們能信賴這些人對自身過去的行動之敘述到什麼地步？

9　參 Smith 2001, 54; Dawson 2006, 110.

這些敘述大有可能既不精確又謊話連篇。[10]」然而，Hexham and Poewe 指出自傳式的重構裡的「扭曲」反倒是檢驗皈依與否的恰當指標，因為這些扭曲正好可以用來檢測這些個別信徒與他們所屬信仰團體之間的互動關係，指明他們認同該宗教團體、接受其教義的程度。[11]

根據 Keane 的研究，言說本身在一個人的認同的形成方面具有重大的影響力[12]，因此，透過仔細分析經驗論述，可以瞭解該信徒的心思裡發生何種變化。[13] 至於解釋經驗論述與宗教皈依的關係的理論方面，Susan Harding 指出「佈道修辭」(the recruiting rhetoric) 在皈依的過程中扮演重大角色，此語言本身

---

10 Dawson 2006, 110.
11 Hexham, Irving, and Karla Poewe. New Religions as Global Cultures: Making the Human Sacred. Boulder, CO: Westview Press. 1997, p.54.
12 Keane, Webb. "From Fetishism to Sincerity: On Agency, the Speaking Subject, and Their Historicity in the Context of Religious Conversion". Comparative Studies in Society and History 39, no.4:(1997) pp.674-693.
13 Belzen, Jacob A. "Religion as Embodiment: Cultural-Psychological Concepts and Methods in the Study of Conversion among 'Bevindelijken.'" Journal for the Scientific Study of Religion 36, no. 2:(1999), p.238; Priest, Robert J. 2003. "I Discovered My Sin!: Aguaruna Evangelical Conversion Narratives." In The Anthropology of Religious Conversion, ed. Andrew Buckser and Stephen D. Glazier, New York: Rowman and Littlefield Publishers. 2003, p.107.

是新信徒瞭解自身的主要載具，因此，學者必須注意「聆聽」在聆聽者內心所產生的效應。當一個宗教語言的聆聽者開始在內心裡衡量這些論述時，就是他們「被勸服」的起點，言說者的語言進入聽者的內心，攪動他的自我認識。當宗教語言進入聆聽者的內心、完全占據他的認同之時，這就是皈依的時刻，此時，聆聽者變成了言說者。也就是說，言說即相信（speaking is believing），宗教皈依可視為一個獲致特定宗教語言的過程[14]。基於 Harding 在佈道修辭方面的洞見，經由檢視一個宗教語言的聆聽者何時以及如何轉變成該語言的言說者，吾人得以一窺宗教皈依經驗的過程與動力。

1. 皈依門檻（Conversion Bar）

在這群受訪者皈依的過程中，他們個人內心裡似乎各自有一道無形的社會文化門牆或轉捩點，越過這道牆或這個轉捩點的，就成了這個宗教信仰的「圈內人」。這一道無形的門檻可稱為「皈依門檻」。有人意識到這一道皈依門檻的存在，但也有人不曾意識到，這是由皈依門檻的「高度」決定的。換句話說，

---

14 Harding, Susan. "Convicted by the Holy Spirit: The Rhetoric of Fundamental Baptist Conversion". *American Ethnologist* 14, no.1: 167-181. (1987), pp.169-170.

皈依門檻的高度是一個人要加入一個宗教團體，成為該宗教的圈內人所需克服的困難程度。[15]

一個從天主教改信的受訪者坦承在經過求道儀式之後，他心裡有罪惡感，然而，他聲稱耶穌到他夢裡來，鼓勵他繼續信仰一貫道，他說：「若非這樣的一個夢，我大概也不會這麼認真，我可能回到天主教去了，因為我有點覺得我背叛了耶穌。……一天晚上作了這個夢，耶穌告訴我：『恭喜，你做的好，你現在走在正道上了，跟隨他們、追隨道』……」（fieldnote M4）這個夢，或者更確切地說，他對夢的解釋成為他皈依一貫道的關鍵，這個夢的解析幫助他越過心理的障礙。

某些因素會影響這個門檻的高度。宗教皈依的第一個守門員是社會壓力。在「多一個基督徒，就少一個中國人」的時局下，一個中國人信耶穌的困難度，就比在社會上推崇宗教自由的情況下高。同樣，在一個以《可蘭經》為憲法、伊斯蘭為國教的地區，出生於回教家庭的人要信耶穌的困難度是高得可怕，但在同一地區從無神論或神不可知論者家庭出生的人信耶穌的

---

15 參考 Rambo, Lewis R. *Understanding Religious Conversion*. New Haven, CT: Yale University Press. 1993. pp.132-137.

社會壓力相對輕得多。

皈依門檻的第二個決定性因素是文化價值預設,即人的世界觀。若個人原先的世界觀與某宗教所勾勒的世界觀相衝突,則皈依就比較困難,若二者相近,則皈依門檻就相對的低。以一貫道來說,它算是一個精鍊過的中國民間宗教,中國人本來就很熟悉其世界觀,但對出生於天主教家庭的美國人來說,就很陌生,甚至怪異,接受度就低,故皈依一貫道門檻就高。楊弘任在討論什麼樣的人會信一貫道時說:「人原有的習性與觀念是最嚴格的把關者」[16],他所說的其實是世界觀因素。難怪皈依一貫道者,大多有著中國民間信仰背景。[17]

總的來說,個人與宗教團體,在整個社會中的互動情況會決定皈依門檻的高低,而這樣的互動又會因人、因時而異,因此,皈依門檻的高低是浮動的。

---

16 楊弘任,《另類社會運動:一貫道的聖凡兼修與渡人成全》,清華大學碩士論文。p.111. 參考 Barker, Eileen. *The Making of a Moonie: Choice or Brainwashing?* New York: Basil Blackwell. 1984.
17 Lu, Yunfeng. 2008. *The Transformation of Yi-guan Dao in Taiwan: Adapting to a Changing Religious Economy.*

2. 影響性因素（Influential Factors）

有幾個因素使得一貫道對這群受訪者具吸引力，這些因素可區分為社會文化因素、心理因素與靈性因素。

社會文化因素

在一貫道的個案裡，社會文化因素包括中國傳統文化價值、社會聯繫（social connections）與在教團內晉升的機會。對於身處社會變遷中的華人，尤其是移民，這些因素格外有影響力。

中國傳統文化價值

在現代化的巨大壓力下，傳統中國社會的生活形態在渴求經濟成長中逐漸瓦解。在台灣或是香港，傳統中國文化價值因都市化與世俗化而流失，對於北美或其他地區的華人移民而言，移民此一行動砍斷了他們的文化根源，因此當一貫道以中國文化的復興者出現，又密集地教導、推廣中國傳統經典時，自然會吸引那些想要文化尋根的尋道者。[18]

---

18 宋光宇，《天道傳燈：一貫道與現代社會》，p.553; Jordan, David K., and Daniel L.Overmyer. *The Flying Phoenix: Aspects of Chinese Sectarianism in Taiwan.* Princeton, NJ: Princeton University Press., 1986. p.276.

社會聯繫

一般說來,華人不會自認是一個單獨的個人,而是一個群體中的一份子,傳統華人社會建立了一整套角色與等第系統,好使整個社會能和諧運作,而社會次序的維持,有賴於不同個體之間彼此關係的釐清。然而,都市化所造成的搬遷甚至跨國移民行動劇烈地改變了這個角色系統,衝擊他們原有的社會支持結構。[19] 當人想要尋求社會歸屬的時候,一貫道提供了一個方案。藉由每週舉行禮儀與活動營造溫暖的類家庭氣氛,一貫道提供這些移民一個交新朋友、建立家庭外社會性聯繫的絕佳環境,又以老母慈悲、信徒皆她兒女教義強化、聖化這個家庭意象,因此,成為信仰團體的一份子乃這些受訪者皈依一貫道的關鍵因素。

晉升機會

一貫道內部的組織體制是一個以「前人」、點傳師(領導人)為中心、階級井然的家庭式結構,同時,它也提供每一位成

---

19 Wong, Lai Fan. *From atheists to Evangelicals: The Christian Conversion Experiences of Mainland Chinese Intellectuals in the U.S.A*. ThD diss., Boston University School of Theology. 2006. p.19.

員,各級教育訓練的機會,因此,每一位成員都有機會按照社會階梯往上爬,只要他們對教團保持忠貞。根據一貫道教義,這個內部晉升機會又象徵他們在天上的靈性地位,也就是說,一貫道提供靈意化的社會地位作為忠貞信徒的回報,因此吸引信眾跟隨。

以上這些社會性因素又會引至情緒面的滿足,這就構成了心理因素。

心理因素

許多受訪者說他們入教後,經歷到自尊提升與脾氣改善,這可歸因於:一、他們在佛堂中所獲致的社會支持與歸屬感大幅度地減輕他們的失落感與無力感,屬於一個「自己的團體」這種歸屬感能撫平孤單、失落各種負面情緒,減低那些妨害自尊的心理壓力。二、一貫道聖化了儒家的倫理教訓,將日常生活裡的道德行為轉化成饒富救恩意義的修道操練,這樣的教義推動信眾走上一條「改脾氣、去毛病」的良性循環,如此,這些受訪者就更確信一貫道的可靠性,因為他們親身經驗了心理上的救贖。

靈性因素

　　一貫道應許它的追隨者一條更輕省、更迅速、更易見的救贖之道，只要「明師一點」，就可超脫生死輪迴，它也提供「果位」——將來天上宮廷裡有榮耀頭銜的位置——給一心追隨師尊教訓的道親。除了這些來世的回報，一貫道也應許它的信眾能逢凶化吉、消災解厄，只消默默動用三寶。如此，一貫道教義提供一套解釋系統，幫助信眾理解他們的生活經驗，而他們對生活經驗的新理解又倒過來強化他們對一貫道的信心，他們也就更確信明師一點的效力，以及將來果位的真實。

　　總之，一些社會文化的、心理的、以及靈性方面的因素促成一貫道「魅力」，吸引那些想要重塑人際關係的群眾，這些因子可歸類成二股社會－心理的力量，驅使信眾越過門檻皈依一貫道。首先，有某種內心的危機感或不滿足（deprivations）推動人去尋求宗教團體所提供的情感面或知性面的解脫，所以，剝奪理論（deprivation theory）在某種程度上仍有一定其說服力。另一方面，宗教團體應許靈性上、心理上，甚至是物質上的回報，吸引人歸向它。這樣，這二股推－拉之力的運作構成了心理的衝力，勸服人歸信一貫道。

3. 皈依機制（Conversion Mechanism）

如上述，一些社會文化的、心理的、以及靈性的因素形成推－拉的作用力，驅使這些受訪者歸信一貫道，然而，一個主要問題尚需探討：是什麼原因使這二股力量轉變成個人的宗教委身（religious commitment）？在此，筆者要提出一個動力模型來解釋這個心理的機轉。首先要介紹這個機制的構成要件，然後描述它的運作。

皈依機制的構成要件

在這個機制裡有三項要件，即是聆聽（listening）、實踐（practicing）、與言說（speaking），逐項說明如下。

聆聽

聆聽是這個皈依機制裡首要的心智活動。對一貫道道親來說，「聽」意味著專心注意研究班講課的內容、與其他道親的交談，以及道內閱讀材料的內容。許多受訪者坦承「聽講道」對他們幫助極大。在個人的層面，特定意識型態的形成，是在塑造一種世界觀，在這當中，解釋系統的吸納必然牽涉其中。藉由密集的研究班的開設，一貫道有意地創造一種過濾過的環境，

成員在此環境中只能單單接觸到一貫道意識型態，與一群具相同觀念的道親產生密集的互動，在此環境中，一貫道意識型態以一種言說的宗教符號系統的方式，從一位受人尊重的講師的講課或其他信徒的對話中逐漸侵入聽者的心中。如此，Harding指出，一旦聽者在其內心中酌量這些語言，他們就是開始被勸服了。[20]

實踐

實踐是指從事於教內在上位者所要求，而對當事人饒富意義的事情或活動。在一貫道裡，實踐的第一件事是參與禮儀。

一貫道透過在一個高度象徵化的時空裡實施各種儀式，創造出一個神聖的境域（sacred landscape），好使它的信徒在其間生活。當他們參與禮儀時，他們是以非語言的方式，公開地互相傳達一貫道意識型態，也相互激勵彼此的信心。比如說，當道親在跪墊上叩頭時，他們是以行動表達老母的超越性存在等等信息，其他一同參與的道親明白這個肢體動作的意義，而

---

20 Susan F. Harding. 1987. *Convicted by the Holy Spirit: the Rhetoric of Fundamental Baptist Conversion.* American Ethnologist 14(1). Blackwell Publishing.

叩頭者也意識到：其他道親都知道他此刻的舉動是什麼意思。這種相互的理解在這社群裡成為一種社會－心理性的黏膠，將所有人約束在一起，成為一個共同體。每多叩一次頭，就是再一次肯定這樣的信息。所以，參與禮儀越是頻繁的，就越可能信得更堅定，換句話說，禮儀的參與具有自我勸服（self-persuasive）的力量。

參與禮儀也會給予參與者歸屬感，進而賦予他們生活的意義，因而強化他們的宗教認同。因為歸屬感的緣故，驅使參與者更注意聆聽以語言形式表達的教義、更多實踐以象徵形式表達的教義，以及訴說教義的可信性。所以，是參與這個行動本身的力量，將所有參與者塑造城一個信仰的共同體。

第二種實踐是許願，也就是以最嚴肅的態度在神明與眾人面前講出自己的決定，並且含有「願神明鑒察」這樣的用意。一貫道非常技巧地運用許願這個機制，一步一步地強化信徒的信仰。[21] 以「清口」為例，一貫道極力強調清口的重要，到了一個地步，似乎在暗示：所有真正的修道者都是茹素的。然而，一

---

21 Lu, Yunfeng. 2008. *The Transformation of Yi-guan Dao in Taiwan: Adapting to a Changing Religious Economy.*

貫道也以「緣分」為名，提供一條漸進的途徑，幫助信眾逐漸清口。這樣，好生、避免污染靈性與業報這樣的教訓，驅動信眾更進一步委身於一貫道。另一方面，清口在一貫道內已儼然成為了一個「更高身分」的標記，吸引著初信者更進一步委身。當清口表文宛如一份進階文憑在神壇前焚化，清煙上升之際，象徵著立清口願者在靈性上以及社會地位上都已然升級到更高位階。所以，立清口願是在佛堂領導人以及眾道親面前公開宣布，他們要一生一世作一個真正的修道者。當他們拒絕肉食的誘惑或旁人的譏笑時，他們是再次肯定要作認真的一貫道信徒的決定。下一回若再遇到肉食的誘惑，就更有可能他會再拒絕一次。也就是說，只要這個試探－抵抗迴圈還存在，他們就是持續說服自己：要成為認真的修道者。這些人是因自己一連串的抉擇，才變成虔誠的一貫道信徒的。

言說

言說意指向他人論及一貫道教義的可信性。第一個言說的場景是當信徒每週聚集談話之時。佛堂這個環境預先假定了每個信徒都應該鼓勵其他人，凡是妨礙他人信仰的，是不准說的。在這種情形之下，信徒就傾向於模仿領導者的語言，好似他們已經完全學會了一般。模仿不意味著偽造，而是角色扮

演。在佛堂聚集這樣特定的時空中，參與者表現得好像是虔誠的信徒，無論他們是真的，或者只是戴著面具。只要角色扮演的遊戲繼續玩下去，領導者的語言越發進入模仿者的心裡，模仿得越多，這語言就越佔有他們的心思。[22] 如此，當模仿者明白了他們在說什麼的時候，他們所說的話會塑造他們的新身分認同，面具就變成真正的面孔。[23]

第二個言說的場景是當他們「渡人」——傳教招募新信徒——的時候。渡人不只是傳教工作，也是信徒將自身真正信仰顯明給對方看。要活得像傳教士，該信徒必須先行研究教義，還得自己先肯定那些教義才行。在渡人的過程中，信徒也必須回答對方提出來的問題，應付各種的挑戰與質疑。因此，渡人涉及一個自我說服的過程，如此週而復始，在渡人的過程中，渡人者自己的信仰變得更堅定。

此外，渡人也是一個強而有力的機制，立即將宗教語言的聆聽者轉變成言說者，將信仰的尋求者轉換成信仰的防衛者。

---

22 Susan F. Harding. 1987. *Convicted by the Holy Spirit: the Rhetoric of Fundamental Baptist Conversion.* American Ethnologist 14(1). Blackwell Publishing.
23 Stromberg, Peter G. "The Impression Point: Synthesis of Symbol and Self". *Ethos* 13, no.1: (1985), p.59.

渡人者說著他們從領導人學習來的宗教新語言，他們自己的話會塑造他們新認同。[24] 透過模仿和重複，這些受訪者逐漸在他們心裡掌握到一貫道語言，最後，一貫道語言完全佔據了他們的心思，他們以一貫道的神話、教義，重新敘說自己的故事，這就是皈依的時刻。[25]

皈依機制的運作：自我勸服螺旋

以上已經說明了宗教皈依是在一個神聖境域裡聆聽、實踐、與言說一種宗教語言的過程。這個皈依機制裡的所有元素，包括聆聽、實踐、言說，都涉及「自我勸服」（self-persuasion）。以下以一個虛構的故事來解釋這個機制運作的過程。

假設有個人受到道親朋友邀請，「這個星期天我們佛堂有拜拜，是吃素的，要不要去看看？我來帶你去。」若受邀者真的應邀去佛堂，那是出於他自己的決定，這個決定是因他說服自

---

24 Keane, Webb. 1997. *From Fetishism to Sincerity: On Agency, the Speaking Subject, and Their Historicity in the Context of Religious Conversion.* Comparative Studies in Society and History 39, no.4: 674-693.
25 Susan F. Harding. 1987. *Convicted by the Holy Spirit: the Rhetoric of Fundamental Baptist Conversion.* American Ethnologist 14(1). Blackwell Publishing.

己,要特別留意朋友所傳達的信息而引發的。

當他到達的時候,他的道親朋友會介紹他認識佛堂裡的新朋友,這群新朋友人會熱誠歡迎他,點傳師肯定會對他「傳道」,講解一貫道的基本義理給他聽,然後問他要不要「求道」。他們也會邀請他參與燒香禮,之後與朋友們一起享用素餐。佛堂裡的新朋友會向他「作見證」——他們自身求道之後的正面經驗,推薦他求道的種種好處。此刻,在他聆聽一貫道的基本教理與新朋友的親身見證的當下,這些滿有宗教意義的語言開始進入他的心中,他的心裡在作抉擇:要如何酌量這些信息。如果他要入教,這是出於他的抉擇,然後他同意(至少是默認)以求道者身分參加求道儀式,也是出於他的意願,在求道儀式中說出求道者的誓詞,立下十條大願。在求道儀式之後,他被道親歸類為「自己人」,他有開始覺得自己是「道親」,雖然不一定真的瞭解作為一個「道親」有何含意。不久之後,點傳師以及資深道親朋友會鼓勵他去「渡人」,邀請親朋好友來佛堂-「親渡親、友渡友」。之後,只要他繼續參與佛堂活動-這也是出於他的抉擇,他必然會聽見「清口」教義,佛堂也會鼓勵他立清口願。在此聽-說-做的過程當中,內嵌於言說與禮儀裡的宗教價值觀逐漸滲透他的心思意念,他越發肯定一貫

道的可信性。當此一自我勸服循環持續下去，經歷無數次有意識與無意識的肯定性抉擇之後，他逐漸越過了皈依門檻，直到他完全認同一貫道。

小結

從以上分析看來，皈依一貫道的主動性要比被動性多一些，筆者的田野資料顯示，是這群受訪者說服自己去信一貫道的，然而他們的皈依也涉及一些頗具戲劇化的「超自然」事件，驅使他們入教。某種心理的或靈性上的不滿足感扮演推的力量，在後驅策他們去尋找宗教解答，而他們原本的靈驗取向的特質與習性，引發他們去尋找一種更簡易、更迅速的方案，以滿足內心的需求。一貫道符合他們的期待，因一貫道應許一個立即的救贖，以及更高的社會地位與自尊。一貫道所提供靈性的、社會的、心理的回報扮演吸引的力量，尋常人都能參與其中而「位列仙班」，促使這群人願意趨向它。他們當中或有人曾經懷疑，或發現一貫道的教義與實踐裡有相互抵觸之處，但他們仍選擇相信，因為面對可能的真相－我或許徹頭徹尾的信錯了－的後果太可怕，情感上的代價太高了。因此，此研究顯示，宗教皈依可以是個體出於一種「情緒理性」（emotional reasoning）抉擇的結果。

三、回應與反省

1.「得救」經驗

　　Hexham 主張原初經驗（primal experiences）在宗教皈依上的中心性，是這些被視為超自然的神聖對遇經驗驅使當事者尋索宗教性的解釋，而促成皈依。在皈依之後，新信徒對原初經驗的解讀會成為「個人性的神話」（individual myths），這些新信者開始以他們對皈依事件當時的理解來解讀自身的人生的意義，從此，個人性神話成為這些新信徒理解人生經驗、詮釋世界真相的典範架構。[26] 也就是說，宗教教義解釋了原初經驗，而之後的經驗又倒過來印證了該教義的可信度，長此以往，這個教義－經驗相互印證、相互強化的螺旋會不斷發展下去，一個初信者變成虔誠的資深信徒。本研究肯定他的論點，多數受訪者都提到特定的經驗，啟動了他們歸向一貫道的自我勸服過程。

　　那麼，一個人信耶穌是否也是經歷類似的自我勸服的過程呢？要準確回答這個問題需要有夠份量的田野調查資料與進一步的研究，然而，從長年在基督教內的參與觀察，筆者預期基督徒的歸正過程大概很類似上述的自我勸服螺旋。再者，一個

---

[26] Hexham 同上書，pp.59-123。

人為什麼會成為基督徒？是否也是因為「某種刻骨銘心的經驗」而啟動歸向基督的自我勸服螺旋呢？從神學大師如莫特曼、龔漢思都大談「我為什麼（還）是基督徒」來看，以上問題的答案應該是肯定的。

2. 自我說服與自欺

宗教無可避免的會涉及隱晦或無法解釋的事物，從人性面向觀之，宗教信仰既然出於自我說服，那麼，是否含有自欺欺人的成分？人類相信一些自己也認為不可信的事物的可能性似乎相當高，Tanya Luhrmann 描述具備優良教育的英國人會透過顯然是不理性、實踐者自己也知道的宗教實踐－巫術，去追求情感上的滿足。[27] David Jordan 1980 年代在台灣考察數個扶箕宗教團體的研究結果意義更重大，他發現他的受訪者會採取行動，來說服自己相信該宗教[28]，一個顯明的例子是中國人會輕易就相信一位歷史上從不存在的神明。用 Jordan 的話說：

---

27 Tanya Luhrmann. *Persuasions of the Witch's Craft*. Cambridge, MA: Harvard University Press. 1989.
28 Jordan, David K., and Daniel L. Overmyer, 1986. *The Flying Phoenix: Aspects of Chinese sectarianism in Taiwan*. Princeton, NJ: Princeton University Press.

這些華人受訪者似乎同時以二種不同方式來理解他們自己的宗教修持，一方面，他們真的相信他們所說的那些奇異事件的解釋，而在另一方面，他們也瞭解到他們自己其實就是展現那些令人神往的特異事件的仲介者。他們同時是這個神聖境域裡靈異事件的園丁與建築師，而他們自己也明白這一點。[29]

為何英國的現代巫師會相信純屬虛構的力量的靈驗效應？為何華人崇拜不曾存在的神明，而當事者本人也意識到自己在做什麼？為什麼這麼多人會選擇相信自己都知道不存在的東西？Luhemann 與 Jordan 未對此現象下神學性判斷，然而身為神學領域的研究者，筆者深深同意使徒保羅的論點：人都是自欺的（參羅 1:31，3:4），若一個人明知他的信仰系統裡有不合理、值得懷疑甚或相互抵觸，卻不願面對可疑之處，還繼續告訴自己：「我沒有信錯」，有意識地肯定該信仰系統，則此人實際上是在勸服自己進入「錯信」，已然進入自欺的螺旋。

那麼，基督徒會不會自欺？就神學而言，答案應該是一個全大寫的「YES」！自欺的人，無論加入什麼樣的宗教團體，還

---

29 同上書。

是會自欺的。為了避免自欺，每個人都需要審慎地檢驗自己信仰的初始經驗，常常細心地自問幾個根本的問題：「我為何會以如此方式理解我的宗教經驗？我的理解真的是最恰當的詮釋嗎？聖經真的如此教導嗎？」或許我們就能避免自欺。

3. 佈道的實踐

有關歸正在生活層面上的呈現與實踐，有幾項影響性因素值得留意。

首先，必須注意社會性因素：宗教皈依是一個人在他的生活時空中所發生的重大事件，一切會影響當事者抉擇的內在、外在因素都必須考量，所以，研究的焦點，必須放在「人」——一個整全的人，在他整個社會情境中。

其次，必須注意門檻問題：一個人是否容易接受基督，即所謂的硬土、好土，不能只看個人內心的態度，更要檢視其所處的社會情境與教會所傳達的福音信息。皈依門檻的高低是由當事者、教會、社會三者的互動決定的，當一個不祭祖先、鬆散的俱樂部型態教會，在一個著重家族群體的台灣客庄向客家人傳達一種個人性的救恩，這類信息的接受度當然偏低。所謂的「堅固營壘」是社會－心理因素所造成的高門檻現象，這是

教會需要努力突破的領域。

第三,必須注意人際互動:福音信息的接受者的第一接觸,是那個傳信息給他的信仰群體,因此,教會與人接觸時,必須注意人際互動所產生的各種後續效應。這應該會使我們對宣教的理念與作法有所提醒。在現代社會裡,人信主的原因,大半不是想通什麼深奧道理,而是基督徒愛的見證,生病的時候有人探望,小孩需要人照顧,有人願意充當臨時保母,灰心喪志的時候,有人願意花時間陪。他們從基督徒身上嚐到了恩典的滋味,體驗到社會性同儕支持,這是基督徒團契生活所延伸出來的影響。[30]

最後,必須注意語言、符號的使用問題:現行台灣教會的模式,幾乎將傳福音等同以「說教」方式談論耶穌,然而,說教這種單向、演繹式的傳達命題性信息的方式,不見得合適台灣

---

30 c.f. Chao, Hsing-Kuang, 2006. Conversion to Protestantism Among Urban Immigrants in Taiwan. *Sociology of Religion* 67, no. 2 (Summer): 193-204. Smilde, David. 2005. A Qualitative Comparative Analysis of Conversion to Venezuelan Evangelicalism: How Networks Matter. *American Journal of Sociology* 111, no. 3: 757-796. Hall, Brian. Social and Cultural Contexts in Conversion to Christianity among Chinese American College Students. *Sociology of Religion* 67, no. 2: (2006) pp.31-147.

人。台灣傳統民間藝術裡,以講古、布袋戲與歌仔戲最普遍,而這三種恰好都是在「說故事」。當代學者的研究也發現,人是看故事長大的,一個人世界觀的形成,不在於他們聽見什麼教訓,而在於他們看什麼樣故事。[31]

看戲、聽故事或讀小說,可以想成 Victor Turner 的生命禮俗(the passage of rite)中的「居間階段」(the liminal period)。當一個人觀看一齣吸引注意力的戲、或讀一本引人入勝的小說時,他入戲到一個地步,沉浸於其中,彷彿與劇中人物一同經歷故事情節,暫時忘了他自己的身分與處境,暫時脫離了他現實生活的時空環境。看完戲或讀完書,劇中情節還縈繞不去,戲劇所建構的世界觀,隨著劇中對白、朗朗上口的歌曲,在頭腦裡盤旋不去,不斷挑戰他的舊思維,漸漸取代了他原有觀念的某一些部分,也就是說,戲劇有轉化的力量:「觀眾」因為看戲被改變了。每一次他回想劇中情節、每一次他哼唱主題曲,該戲就再一次侵入他的心思一次,取代舊觀念架構的更多成分,進一步改變此人的思維。從這個角度看,基督教歸正可以說是觀

---

31 Salisbury, Thayer. "Visualizing Holiness: Using Culturally Appropriate Narrative to Encourage Ethical Living." 研討會論文,宣讀於 EMS conference held at Trinity International University, Chicago, USA. 2009.

眾（outsiders）看了幾幕教會實況演出的神聖救贖戲劇以後，跳上台，加入演員（insiders）演出的行列，此後，聖經所描述的救贖歷史成了他們人生故事的背景，而他們成了上帝新創造中的一份子。華人教會實不應忽略故事／戲劇的轉化力量。

4. 再思皈依神學

從上述對人類經驗面的研究發現與討論觀之，華人教會現行承襲自美國復興運動時期的歸正神學，在論述方面與實踐作法上都是不適切的，比較恰當的說法，是如同 Gordon Smith 之觀點，從關係範疇立論，視歸正為人對上帝在基督裡的救贖之功的多面向的回應[32]，而從旁人可觀察到的面向，對上帝救贖的回應必然帶進一個一生不斷更新變換的過程。因此，已故三一神學院傑出教授 Paul Hiebert 對基督教歸正之論點在華人文化情境下更是適切。Hiebert 以數學上的中心式集合理論（centered set theory）類比人與基督的關係，提出歸正乃是一個以基督為生活中心與目標、一生之久的世界觀轉變的過程，Hiebert 提醒我們要從關係範疇思考歸正，將焦點放在一個人與基督之間的持

---

[32] Smith, Gordon T. 2001. *Beginning well: Christian conversion and authentic transformation*. Downers Grove, IL: InterVarsity.

續性動態關係。[33] 從此觀點引伸，在皈依過程的初期階段，無論當事者是否意識到，應發生一項重大的轉折，即從背離基督轉而趨向基督。之後，當基督帶著祂的教會邁向歷史的終點時，信徒必須不斷地跟從、趨向基督。也就是說，要將稱義與成聖看成一體二面，在論述上要區分，在教會實務上卻必須將二者拉近一點。

另外，無人活在真空之中，宗教皈依是在一個特定而具體的社會文化情境下發生的，一個歸向基督的人，必然也會與其他邁向中心點的信徒越來越逼近，歸向基督者，必然也同時歸屬同屬基督的信仰群體——教會，歸信者與基督的關係，應該會、也必須從他們與其他信眾的關係呈現出來。因此，在歸正的神學論述方面，不應忽略社會性層面。在1997年出版的《當代神學辭典》中文版裡，歸正（Conversion）這一條是這樣說的：

>「歸正雖是一種個人的行動，<u>歸正的人卻要歸入教會這個大家庭，需要在群體中學習信仰，亦需要在這群體事奉</u>（參徒20:32）。……

---

33 Hiebert, Paul G. 1994. "The Category Christian in the Mission Task". In *Anthropological Reflections on Missiological Issues*, Grand Rapids: Baker. pp.107-136.

> 我們<u>沒有單一種歸正的模式</u>，是每個基督徒非要效法不可的；但就算歸向神可以有許多種形式，<u>其過程也可以是突然的，或漸進的</u>，新約卻清楚指出它是整個基督教信仰的起點，一切信心及行為，均是由這裡開始。（摘自該書光碟版，底線由筆者所加）

看來，有些問題在學者間已經討論、解決了，在教會裡卻很可能還會流連很長一段時間。

LOGOS 系列 15

教會・病理・學

作　　者：潘秋郎
發 行 人：鄭超睿
編　　輯：李怡樺
封面設計：海流設計
排　　版：旭豐數位排版有限公司

出版發行：主流出版有限公司 Lordway Publishing Co., Ltd.
出 版 部：臺北市南京東路五段 389 巷 5 弄 5 號 1 樓
電　　話：(02) 2766-5440
傳　　真：(02) 2761-3113
電子信箱：lord.way@msa.hinet.net
劃撥帳號：50027271
網　　址：www.lordway.com.tw

經　　銷：
紅螞蟻圖書有限公司
臺北市內湖區舊宗路二段 121 巷 19 號
電話：(02) 2795-3656　　傳真：(02) 2795-4100

華宣出版有限公司
新北市中和區連城路 236 號 3 樓
電話：(02) 8228-1318　　傳真：(02) 2221-9445

初版 1 刷：2024 年 12 月
書號：L2412　　　　　　　　　著作權所有　翻印必究
ISBN：978-626-98678-4-4（平裝）
Printed in Taiwan

國家圖書館出版品預行編目資料

教會‧病理‧學 / 潘秋郎著. -- 初版. -- 臺北市：主流出版有限公司, 2024.12

面；　公分. -- (LOGOS 系列；15)

ISBN 978-626-98678-4-4（平裝）

1.CST: 基督教　2.CST: 教會　3.CST: 教牧學

113019536